基于 UK NARIC 的高等职业院校双高会计专业国际认证研究

谭智俐　著

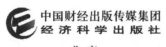

中国财经出版传媒集团

经济科学出版社

·北京·

图书在版编目（CIP）数据

基于 UK NARIC 的高等职业院校双高会计专业国际认证
研究/谭智俐著. －－北京：经济科学出版社，2023. 10
ISBN 978 － 7 － 5218 － 5287 － 5

Ⅰ. ①基…　Ⅱ. ①谭…　Ⅲ. ①高等职业教育 － 会计教
育 － 教育研究 － 中国　Ⅳ. ①F230

中国国家版本馆 CIP 数据核字（2023）第 190894 号

责任编辑：庞丽佳　常　胜
责任校对：杨　海
责任印制：邱　天

基于 UK NARIC 的高等职业院校双高会计专业国际认证研究

谭智俐　著

经济科学出版社出版、发行　新华书店经销
社址：北京市海淀区阜成路甲 28 号　邮编：100142
总编部电话：010 － 88191217　发行部电话：010 － 88191522
网址：www. esp. com. cn
电子邮箱：esp@ esp. com. cn
天猫网店：经济科学出版社旗舰店
网址：http：//jjkxcbs. tmall. com
北京财经印刷厂印装
710 × 1000　16 开　13. 5 印张　200000 字
2023 年 10 月第 1 版　2023 年 10 月第 1 次印刷
ISBN 978 － 7 － 5218 － 5287 － 5　定价：49. 00 元
（图书出现印装问题，本社负责调换。电话：010 － 88191545）
（版权所有　侵权必究　打击盗版　举报热线：010 － 88191661
QQ：2242791300　营销中心电话：010 － 88191537
电子邮箱：dbts@ esp. com. cn）

前　　言

近年来，国家职业教育改革重要文件相继出台，国家职业教育陆续实施了多项重大改革举措。2021年4月，习近平总书记对职业教育工作作出重要指示：要坚持党的领导，坚持正确的办学方向，坚持立德树人，优化职业教育类型定位，深化产教融合，校企合作，深入推进育人方式、办学模式、管理体制、保障机制改革，稳步发展职业本科教育，建设一批高水平职业院校和专业，推动职普融通，增强职业教育适应性，加快构建现代职业教育体系，培养更多高素质技术技能人才、能工巧匠、大国工匠。我国高等职业教育迎来了新的春天，同时也面临着全新的挑战和发展机遇。

世界经济全球化推动着高等教育国际化趋势。如何提高我国高等职业教育专业人才培养质量？如何推动获得学历和职业资格的高职毕业生的国际流动？将是我国高等职业教育面临的新课题。认证已在国际上行之多年，是得到国际社会广泛采纳的保证和提高高等学校专业教育质量的重要方法和途径。通过参与国际权威机构专业评估认证，将快速提升高等职业教育的办学品质，极大提升高等职业院校国际化水平，助力打造中国特色职业教育国际标准和国际品牌。我国亟须开展高等职业教育专业认证工作。

英国是第一个探索且提供一体化学历学位认证服务的国家，也是《里斯本公约》57个签署成员之一，其所成立的NARIC机构即UK NAR-IC（The National Recognition Information Centre for the United Kingdom，简称UK NARIC），中文译名为英国国家学历学位评估认证中心（以下简称"英国认证中心"），在《里斯本公约》里占主导地位，是全球首家在世界范围内开展针对国际教育体系和学历学位认证与评估工作的机构，充当了世界国际资格的翻译机。目前已经发展成为全球最具权威性的第三方认证机构。

教育部、财政部实施的"双高计划"，将集中力量建设一批引领改革、支撑发展、中国特色、世界水平的高职学校和专业群。2019 年 10 月，北京财贸职业学院入选全国双高建设单位，智慧财经专业群入选双高建设专业群。学校双高校建设总体目标：到 2023 年，建成财贸特质、首都特色、国际知名的新商科职业院校。其中"加强国际合作，输出财经职教品牌"是重要建设任务。智慧财经专业群建设总目标指出：输出财经职业教育品牌，建立北京范式。开展国际学历学位评估和专业认证，借助"一带一路"战略设立海外培训中心，培养本地化财经技术技能人才，提高专业群国际影响力。到 2035 年，建成具有国际影响力的智慧财经专业群，人才培养质量达到国际领先水平，引领全国财经类高等职业教育发展，支撑国家现代服务业经济发展战略。

会计专业是学校重点发展专业，2019 年 1 月，"智慧会计专业群"入选北京市特色高水平骨干专业建设项目。2019 年 10 月，"智慧财经专业群"入选双高建设专业群。2020 年 7 月，在英方专家的指导下，会计专业率先完成学历学位的核心内容（core contents of education and qualification）和五项质量标准（quality standards）评估认证。2021 年 12 月，学校会计与金融专业获得 UK NARIC 国际质量标准认证，成为中国双高校第一所获得全球权威机构英国规范资历框架 RQF 和欧洲资历框架 EQF5 级资质的学校和专业。

通过本书，希望帮助中国高职院校了解英国和欧盟国家的专业标准与实践做法，指导院校如何向国外专家更好地展示专业优势和特色，助力参与评估认证的中国双高职业院校顺利通过认证，获得国际质量标准。更重要的是帮助中国院校将国际先进理念融入教学管理、教学实践；建立以学习成果为中心的人才培养模式、教学方式与考核方案；制定以学生为中心的教师评分与学生考核的质量标准和保障体系等，最终形成一套适合中国国情的体系方法和应对策略，并制定一套与国际接轨的国际化专业标准。以此提高我国高等职业教育的国际化水平和影响力，更好地服务国家职业教育战略。

　　本书由北京财贸职业学院"双高计划——特高院校——打造高水平双师队伍（央财）项目（项目编号 223119）"资助出版。

谭智俐

2023 年 6 月

目　　录

第 1 章

高等职业院校国际认证背景

随着全球化趋势的不断升级，高职教育迎来新的发展机遇和挑战。高职教育作为类型教育，占据高等教育半壁江山。从国家战略到北京定位再到学校发展，高职教育的高质量、国际化已逐渐发展成为国家职业教育发展的重点战略之一。认证作为发达国家高等教育外部质量监测的工具与手段，将成为当前中国高等职业院校提升本校综合实力，实现国际化战略的主要途径和有力抓手。

1.1 什么是认证？

《国际高等教育百科全书》（1978）的定义是："认证是由一个合法负责的机构或协会对学校、学院、大学或者专业学习方案（课程）是否达到某既定资质和教育标准的公共性认定。"美国高等教育认证理事会（Council for Higher Education Accreditation，CHEA）将认证界定为："认证是在高等教育领域内，为了保证和改进教育质量而详细考察高等院校或专业的外部质量评估过程。"

一般而言，人们重视并依赖认证缘于如下几个原因：一是保证最低程度的质量水平（尤其是在管制水平较低的私立高等教育部门）；二是要求某种程度的项目一致性（如在专业领域）；三是希望吸引更多的学生流动。[1]

认证是发达国家对高等教育进行专业评价的基本方式。认证是指资格认证，认证可对达到或超过既定教育质量标准的高校或专业给予认可，协助院校和专业进一步提高教育质量。认证已在国际上行之多年，是得到广泛采纳的保证和提高高等学校专业教育质量的重要方法和途径。某一专业通过专业认证，意味着其毕业生达到行业认可的质量标准。专业认证包括"以产出为导向""以学生为中心"和"持续改进"这三大基本理念。[2]

从本质上来说，认证是外部质量监测的工具与手段。它是一个通过特定的程序设计去收集资料与证据，进而判定被认证机构或项目能否满足认证所设定的最低标准，是否应授予该机构或项目某种认可身份的过程。

在世界上，最早探索高校专业国际认证的是美国。19世纪末到20世纪初期教育认证起源于美国，后来在欧洲和北美洲的多个国家，如德国、英国、加拿大，陆续建立了相对完善的认证体系。

美国高校医学专业是世界最早开始专业认证探索和实践的领域，19世纪末到20世纪初，美国高校医学专业教育发展混乱，伴随北美高校医学专业认证制度的推行，不仅保障了医学专业人才培养的质量，也促进了其他专业的认证工作，如商科、工程等专业也相继效仿医学专业认证模式，开始探索专业的国际认证。在此过程中，一些国家的专业认证也从国内认证逐步发展成为了国际认证，比如医学专业领域的世界医学教育联合会（WFME）认证；工程专业领域三个重要的国际认证体系，即《华盛顿协议》《悉尼协议》《都柏林协议》；商科专业领域三个权威的国际认证体系，即美国国际高等商学院协会（The Association to Advance Collegiate Schools of Business International，AACSB）、欧洲质量改进体系（European Quality Improvement System，EQUIS）和英国工商管理硕士协会（the Association of MBAs，AMBA）。

高校专业的国际认证已经走过了一个世纪的发展历程，形成了比较规范和完善的认证制度，保证了专业教育质量。在经济全球化背景下，实施高校专业的国际认证是高校生存与发展的必然需求，也是高校专业教育与国际接轨的重要途径。它不仅有利于高校专业教育的规范化、标准化和科学化，而且还可以为高校专业教育及其人才培养的国际化提供保障。[3]

我国高等教育专业认证起步较晚，20 世纪 80 年代对教育质量的评估才被提出。20 世纪末，高等教育专业认证作为高等教育外部质量保障的有效手段，引进中国，至今只有 20 多年的历史。

为了提高我国高等职业教育专业人才培养质量，推动获得学历和职业资格的高职毕业生的国际流动，实现我国职业教育国际化，我们亟须开展高等职业教育专业认证工作。通过参与国际权威机构专业评估认证，快速提升中国高等职业教育的办学品质和中国高等职业院校国际化水平，助力打造中国特色职业教育国际品牌。

1.2　认 证 背 景

1.2.1　国家战略

在世界经济一体化的宏观背景下，全球化进程不断加快，经济全球化不断深入，科技进步日新月异，人才竞争日趋激烈。世界各国、各行各业都在积极寻求国际化发展的道路。作为与国家、社会和经济发展有着密切关联并占据"半壁江山"的职业教育，其国际化发展不仅能够深化内涵建设，促进我国高职院校教育教学质量的优化与升级，而且能够实现与国际教育水平实质等效，输出高质量国际化职业人才，实现专业人才跨地域流动，进而推动国家和社会的发展。我国对职业教育国际化发展非常重视。近些年来，特别是国家"一带一路"倡议的提出和快速推进，高职教育国际化已发展成为国家职业教育发展的重点战略之一。国家出台相关文件和制度不仅对职业教育国际化提出明确要求，而且对国际化发展目标提出了明确要求。

2014 年，国务院印发《关于加快发展现代职业教育的决定》，其中"提高人才培养质量"第十九条"加强国际交流与合作"指出：积极参与制定职业教育国际标准，开发与国际先进标准对接的专业标准和课程体系。2019 年，国务院印发《国家职业教育改革实施方案》，指出：建成具有国际先进水平的中国职业教育标准体系，将标准建设作为深化职业教育改革的突破口，发挥标准在职业教育质量提升方面的基础作用。2019 年，教育部和财政部联合发布《关于实施中国特色高水平高职学校和专业建设计划的意见》，指出：加强与职业教育发达国家的交流合作，引进优质职业教育资源，参与制定职业教育国际标准，开发国际通用的专业标准和课程体系，推出一批具有国际影响的高质量专业标准、课程标准、教学资源，打造中国职业教育国际品牌。2020 年 6 月，教育部等八部门发布《关于加快和扩大新时代教育对外开放的意见》，对新时代教育对外开放进行了重点部署：一是加大中外合作办学改革力度，改进高校境外办学；二是推动职业教育更加开放畅通，加快建设具有国际先进水平的中国特色职业教育体系；三是推动教育对外开放实现高质量内涵式发展，优化出国留学工作布局，做强"留学中国"品牌；四是打造"一带一路"教育行动升级版，建立中国特色国际课程开发推广体系。2021 年 10 月，中共中央办公厅发布《关于推动现代职业教育高质量发展的意见》，要求"积极打造一批高水平国际化的职业学校，推出一批具有国际影响力的专业标准、课程标准、教学资源"。

国家重要文件相继出台，充分表明我国高等职业教育迎来了全新的挑战和发展机遇。高等职业教育国际化是我们面对的新的课题和任务。国家层面，迫切要求高等职业教育走国际化发展道路，职业教育专业国际认证是大势所趋。

1.2.2 北京职业教育战略

近年来，北京市强调，要进一步提高对职业教育在北京经济社会发展大局中重要地位的认识水平，提出要把职业教育摆在教育改革创新和经济社会发展更加突出位置，推动北京职业教育"高质量、有特色、国际化"发展。北京市职业教育依据首都"四个中心"定位和北京城市发展规划，相继出台各项政策和举措，加强职业教育国际化建设，扩大北京职业教育国际影响力。

《北京职业教育改革发展行动计划（2018—2020 年）》明确提出，到 2020 年，北京市将重点建设 10 所左右特色鲜明、世界一流的职业院校；同时，将高水平建设 100 个左右国内领先、世界一流的骨干专业。

同时提出坚持战略导向，注重开放协同，服务"一带一路"、京津冀协同发展等国家战略，集成区域职业教育改革合力，将国内外先进经验与北京特色相融合，打造国际一流的技术技能人才培养高地；国际合作，开放发展，以提升国际化综合要素深度融入教育教学全过程为着力点，鼓励职业院校借鉴国际先进的办学模式和考核标准，探索开发与国际先进标准相对接、体现北京特色和水平的北京职业教育课程体系。

2018 年 10 月，北京市教委、北京市人力资源和社会保障局开展关于北京市特色高水平职业院校和骨干专业（群）建设与遴选工作。"特高"项目是北京职业教育改革发展行动计划的重要任务，按照"国内一流、国际领先"的标准建设，项目建设周期为三年。"特高"建设项目是北京市职业教育高质量发展的重要任务，将极大地促进职业院校教育教学改革，全面提升职业院校教学质量和办学水平。2019 年 1 月，我校（北京财贸职业学院，以下简称我校）入选北京市特色高水平职业院校建设单位，"智慧会计专业群"入选北京市特色高水平骨干专业建设项目。特色高水平骨干专业群的建设目标是打造一批特色鲜明，综合实力强，社会认可度高，招生就业好，具有示范引领作用和推广以及输出的专业品牌。"智慧会计专业群"总目标：建成引领会计职业教育改革、支撑会计行业发展，具有立信品质、世界一流的智慧会计专业群，成为复合型会计职业人才培养基地和会计应用研究基地，培养"精核算、通税法、善管理、长分析"的高素质技术技能型会计职业人才，率先实现会计文化赋能的智慧会计专业群建设新方案，率先实施会计教育智慧学习新实践，为京津冀和城市副中心产业提供高端会计人才支撑，为世界会计职业教育提供"北京标准"和"中国经验"。

1.2.3　学校双高发展战略

双高院校是指入选"双高计划"的院校。中国特色高水平高职学校和专业建设计划（简称"双高计划"）是指党中央和国务院为建设一批引领改革，支持发展具有中国特色世界水平的高等职业学校和骨干专业（群）的重大决策建设工程，也是推进中国教育现代化的重要决策，被称为高职双一流。

教育部、财政部实施的"双高计划"，将集中力量建设一批引领改革、支撑发展、中国特色、世界水平的高职学校和专业群。"双高计划"每五年一个支持周期，2019 年启动第一轮建设。

2019 年 10 月，我校入选"双高计划"建设单位，智慧财经专业群入选双高建设专业群。其中"加强国际合作，输出财经职教品牌"是重要建设任务。学校双高校建设总体目标是：到 2023 年，建成财贸特质、首都特色、国际知名的新商科职业院校。智慧财经专业群建设总目标指出：输出财经职业教育品牌，建立北京范式。开展国际学历学位评估和专业认证，借助"一带一路"倡议设立海外培训中心，培养本地化财经技术技能人才，提高专业群国际影响力。到 2035 年，建成具有国际影响力的智慧财经专业群，人才培养质量达到国际领先水平，引领全国财经类高等职业教育发展，支撑国家现代服务业经济发展战略。

学校"十四五"时期国际化建设专项规划总体目标指出：服务新时期国家教育对外开放战略布局，深化国际交流合作，计划用五年左右的时间，建立新商科技术技能人才培养国际化工作体系；参照国际标准探索建立中国特色职业教育新商科专业标准；开展专业国际评估认证提升学校专业内涵建设的国际化水平；提升师资国际化视野和国际化教科研水平；推进留学生学历教育和短期培训，服务中国走出去企业培养本土化技术技能人才。

作为国家双高院校，应在我国职业教育国际化标准和模式的输出方面形成示范和带动效应，主动肩负起我国职业教育走向世界、引领世界的先锋模范作用。

建设一流的高职学校和高职专业必须要与国际优秀的职业教育认证系统对接。这是我国高职教育国际化，培养具有国际视野和国际竞争力的高技能人才，职业教育"走出去"的有力抓手和必然选择。通过参与国际权威机构认证，将助力中国高等职业院校国际化水平的提升，助力打造中国特色职业教育国际品牌。

当今世界，国际贸易与国际交往日益频繁，国家的经济发展必须融入世界经济，任何国家脱离世界贸易市场和资本市场而寻求自身发展是很难实现的。会计作为国际通用的商业语言，在经济全球化过程中扮演着越来越重要的角色。会计专业国际化、会计人才国际化极大地显现出其重要作用。会计国际化是一个国际协调的过程，是世界各个国家都面临的一个共同课题。

国际专业认证的主要目的是实现国际间某一专业人才培养结果的实质等效性的认可，从而促进人才的国际流动。世界上很多高校和专业通过选择参与国际认证，获得了社会对其办学水平的认可、平等的话语权和竞争力、国际知名度和美誉度。在知识和人才全球化流动的今天，国际专业认证越来越成为高等教育的发展潮流。

综上所述，为进一步提高我国高职院校教育质量和国际影响力，我国亟须推动高等职业教育专业认证工作。基于 UK NARIC 的高等职业院校双高会计专业国际认证研究恰逢其时。

第 **2** 章

高等职业院校国际认证的现状与问题

我国高等教育开展国际认证起步较晚，目前只有工程类教育的国际专业认证比较成熟。高等职业教育的国际认证还没有全面开展。本章通过研究国际上三大公认的工程教育认证体系、全球三大国际商科专业教育认证体系，总结认证的经验，分析我国高等教育开展国际认证存在的问题。

2.1 高等职业院校国际认证现状

相比西方发达国家，高校专业的国际认证已经历百年发展历程，而我国高等教育开展国际认证刚刚起步，在高等教育质量保障体系中专业认证和国际认证的发展和积累都比较薄弱。高校专业参与国际认证的普及化程度较低、参与的高校专业数量较少、参与国际认证的时间较短。目前，我国高校只有工程类教育的国际专业认证已经初步形成了一定的规范与体系，逐渐步入法制化、体系化的发展轨道。

我国高等职业教育的国际专业认证还未全面开展，处于起步阶段，在已有的研究文献中，主要包括以下几个方面：

第一，研究国际知名的认证机构体系。目前，国际上形成了三大比较公认的工程教育协议。国际三大工程教育协议，即《华盛顿协议》《悉尼协议》与《都柏林协议》。《华盛顿协议》对应工程师（本科层次）的培养；《都柏林协议》对应工程技术员（职业培训）的培养；《悉尼协议》对应工程技术专家（高职高专）的培养。[4]成员国的认证机构可对工程类专业进行实质等效的专业认证，保障了工程类专业的教育质量，为国际工程人才的流动提供了互认，成为国际通行的人才质量保证办法。2016 年，我国正式加入国际工程教育《华盛顿协议》组织，成为《华盛顿协议》第 18 个成员国，这标志着我国本科层次的高等工程教育专业质量认证体系实现了国际实质等效。作为《华盛顿协议》正式成员，中国工程教育质量认证的结果已得到其他 17 个成员国（地区）认可。[5]《华盛顿协议》倡导"以学生为中心""产出导向""持续改进"等基本理念。

《悉尼协议》于 2001 年首次缔约，是国际上对工程技术类高等教育机构及其培养的工程技术人员的资质互认协议，其人才培养层次对标我国高等职业教育标准，是工程教育与工程师国际互认体系的重要组成部分。《悉尼协议》主要是针对 3～4 年学制的高职教育专业认证，《悉尼协议》的引入受到了职业教育学术界的高度关注。总体来看，我国有关《悉尼协议》的研究目前还处于理论探索阶段，基于对理论的宏观研究方面，项目比较单一。对《悉尼协议》相关的文献进行检索得出，专业建设研究文献最多，是学者们关注的焦点，未来很长一段时间我们都要探究如何通过探析本科工程专业认证的经验教训并应用到高职教育专业建设上来。近两年，在原有基础上衍生出众多新的细化的焦点，主要分为对教学标准、课程建设、人才培养规格、国际化 4 个特性方面进行研究。《悉尼协议》提出的"以学生为中心、以结果为导向、倡导持续改进"的三大专业建设范式核心理念，对于推进高职院校高水平专业群建设，深化教育教学改革，深化高职院校国际化办学内涵建设具有积极深远的影响。[6]《悉尼协议》核心功能是专业认证，针对的是高职教育，涉及的机构是各个种类的职业院校；核心任务是进行专业建设，范围是属于国际工程教育的一种，从长远来看有助于提高职业能力结构、促进职业教育发展。[7]

在商科专业领域，目前全球范围内有三个权威的国际认证体系，包括：美国国际高等商学院协会（The Association to Advance Collegiate Schools of Business International，AACSB，简称"北美体系"）、欧洲质量改进体系（European Quality Improvement System，EQUIS，简称"欧洲体

系")和英国工商管理硕士协会（The Association of MBAs，AMBA，简称
"MBA 欧洲体系"）。

AACSB 认证是由 1916 年哈佛大学、哥伦比亚大学、纽约大学等高校
的商学院联合发起成立的，从 1919 年开始推行商学专业、会计专业认证。
经过百年发展，该专业认证已经成为全世界历史最为悠久、认证内容最
为全面、拥有会员最多的高校专业国际认证体系，其目的是旨在促进已
获认证和申请认证的学校提高学生入学标准和师资及管理水准。1967 年，
AMBA 协会在英国成立，专门进行 MBA 教育的国际专业认证，目前该专
业认证已经拓展到欧洲、美洲、亚洲多个国家和地区。此外，1996 年由欧
洲管理发展基金发起的 EQUIS 认证，目前已经发展成为全球比较权威的国
际认证体系，其已经认证的专业遍及欧洲、美洲、亚洲、非洲等地区。

由美国多所顶尖大学商学院创建的非营利组织国际商学院联合会
（The Association to Advance Collegiate Schools of Business，AACSB）所推行
的 AACSB 国际认证，在同业认证中具有"黄金标准"之称。[8] AACSB 认
证首先关注的是教育质量，其商学认证标准的大部分规定都与教育质量
密切相关。AACSB 认为教学质量是在师生互动的教学实践中创造出来的。
其次，认证的指导原则之一就是接受并鼓励通过不同的方法实现管理学
教育的高质量。也就是说，评估程序支持管理学教育中百花齐放的使命
与教学方式。再次，认证强调申请学院应采取一系列措施以加强课程设
置、提高教师水平、改进教学方式和发展科研活动等。因此，获得
AACSB 认证资格的商学院必然具备以下特征：根据不断调整的使命进行
管理资源；教师拥有先进的商业和管理知识；提供高质量的教学和前沿
的课程体系；鼓励师生互动；培养的毕业生能完成学习目标。[9]

第二，研究我国高等院校参与国际认证的具体案例和经验。文献重
点研究认证驱动下人才培养模式创新、课程体系重构等方面的内容。

高等工程教育国际认证在我国是发展最早且比较成熟的。《华盛顿协
议》是目前国际上最具权威性和影响力的工程教育本科学位互认协议之
一，1989 年由美国、英国、加拿大、爱尔兰、澳大利亚、新西兰 6 个国
家的工程专业团体发起成立，旨在建立共同认可的工程教育认证体系，

实现各国工程教育水准的实质等效，促进工程教育质量的共同提高，为工程师资格国际互认奠定基础。在《华盛顿协议》下，我国在工程教育领域中开展专业认证工作，共认证了数百个工程教育专业点，其极大推进了我国高等工程教育的国际化进程，提高我国工程类专业人才培养质量。这表明我们应该更多借鉴工程教育专业认证。[10]

2013 年 6 月，在韩国首尔举行的国际工程联盟 IEAM《华盛顿协议》会议上，我国成为预备成员国。2014 年，华东理工大学的化学工程与工艺专业通过美国工程与技术鉴定委员会（ABET）认证，成为我国首个通过该项国际认证的专业，并获得了最长的 9 年有效期。2016 年 6 月，在马来西亚吉隆坡举行的国际工程联盟 2016 年会议上（IEAM2016），我国成为《华盛顿协议》第 18 个正式成员国。正式加入《华盛顿协议》，标志着我国高等教育对外开放向前迈出了一大步，我国工程教育质量标准实现了国际实质等效，工程教育质量保障体系得到了国际认可，工程教育质量达到了国际标准，中国高等教育真正成为国际规则的制定者，与美国、英国、加拿大、日本等高等教育发达国家平起平坐，实现了从国际高等教育发展趋势的跟随者向领跑者转变。

商科领域三个国际认证中 AACSB 在业内最为有名。AACSB 资格最老，含金量最高，获得 AACSB 认证的商学院，被视为教学质量一流的商学院。目前全球仅有不到 5% 的商学院通过该认证。AACSB 认证制度之严、标准之高，冠居全球，世界公认，其代表着一所商学院的最高成就，也是商学教育达致世界级水平的重要标志。目前，我国有三十几所大学商学院或管理学院通过 AACSB 国际认证，如清华大学、中欧国际、复旦大学、上海财经大学、西安交通大学、北京大学、中国人民大学、南京大学、南开大学等。AACSB 的特点是：使命驱动，质量导向，学生为本，教师为主，持续改进。AACSB 认证能够有效促进人才培养质量的提升。获得认证的商学院和毕业生，具有较强的国际竞争力和影响力。

自 2016 年我国正式成为《华盛顿协议》的成员国后，高职院校对国际专业认证产生了极大兴趣，尤其是对与之相对应的《悉尼协议》。一批高职院校通过参与该协议的专业认证，专业建设能够达到国际先进水平，人才培养可以实现实质对等。《悉尼协议》只针对工程类专科学生设定，但是其拥有相对完整的培养体系。近年来，国内部分高等职业学院工科专业参与了《悉尼协议》国际认证，例如宁波职业学院机电一体化专业、黑龙江职业学院计算机网络技术专业、南京信息职业技术学院等。这些院校参照《悉尼协议》开展专业建设研究和实践，为打造国际实质等效的高职工程技术，推动中国高职工程技术教育走向世界进行了探索并打下基础。通过参与评估认证，这些高职院校在专业国际化和人才培养方面都取得了很好的成效。[11]

通过研究国际认证相关文献，概括国际专业认证主要有四个理念："使命驱动"的目的、"持续改进"的流程、"国际共识"的标准、"特色发展"的定位。我们得出的结论可以归纳为：在国际认证驱动下进行教学改革具有较强的现实意义；认证有利于搭建学习效果评价体系并实现持续改进；通过专业认证方式保证专业人才的培养质量和国际化水平等。[12]

2.2 高等职业院校国际认证存在的问题

我国高校在接受国际认证机构认证及进行国内专业认证试点的过程中，专业建设的国际化发展水平逐步提高，并得到越来越多的国际认可。我国高校专业在参与国际认证的过程中问题与希望同在、机遇与挑战并存。美国等西方发达国家的高校专业参与国际认证的普及化程度较高，相比较而言我国高校专业参与国际认证的程度低、参与的高校专业数量较少。我国高校专业参与国际认证的时间短，大部分高校专业仍然没有参与国际认证。

第一，国际认证在中国刚刚起步，从理念认知到认证方法、从建设路径到实施策略与国际接轨还需要系统研究实践。完全照搬或移植国外的认证方式很可能产生水土不服现象，但是脱离了国外的认证方式又可能不被其他国家所接受。必须在国情实际与国际认可两个维度上找到合适的契合点，因此，很多理论问题和实践问题还有待深入研究。

第二，通过文献研究发现，专业认证研究还有很多不足之处，需要在以下方面推进：一是如何深入推进专业认证，建立以学生为中心、以结果为导向、持续改进的长效机制；二是认证机制如何实现内部评估与外部评估有机结合；三是根据现阶段我国高等教育的指导性文件如何进行本土化探索；四是如何提高专业建设的特色水平。目前，高等职业教育在专业建设上尚未完全走出一条具有自身特色，适合自身发展的专业建设道路；五是高职院校如何根据自身所处的社会环境、地域优势、市场需求等因素，将职业标准合理地融入专业标准的制定中，认证标准如何兼顾一般性与特殊性，办出自己的特色。

第三，专业认证缺乏理论指导和方法论。目前，理论研究滞后实践，特别是没有形成中国特色的评估理论，无法有效指导评估实践。这种理论研究滞后的现象，无法形成正确的认证文化、认证理念，以及社会大众对认证的认同。因此，高等教育认证理论的研究是一项重要的任务。

我国高等教育开展国际认证起步较晚，尤其是高等职业教育，专业认证工作尚未正式全面开展，处于起步阶段。虽然目前我国有部分职业院校参加了国际认证，在专业认证方面做了有益的探索和尝试，例如江苏省、广东省部分高职院校已按照《悉尼协议》的范式进行专业建设，但关于高等职业教育国际评估认证的文献非常有限，特别是关于 UK NA-RIC 评估认证的研究也比较少见。以上这些研究为我们课题研究提供了良好的基础和借鉴。

第 *3* 章

高等职业教育国际认证理论研究

本章通过研究布鲁姆教育目标分类理论，指导高职院校制定学习成果、教学方式和考核计划达到国际标准。职业教育本质是发展学生的职业能力，研究德雷福斯职业能力发展阶段理论，可以有效指导高职院校学生职业能力的发展。

3.1 布鲁姆教育目标分类理论 （Blooms Taxonomy）

本杰明·布鲁姆（Benjamin Bloom）是美国当代著名的教育家和心理学家，芝加哥大学教授。经过长年的心理教学研究，1956 年布鲁姆提出著名的"教育目标分类法"，总结出了著名的"布鲁姆 6 大认知层级"。认知领域从下到上包含六个层级：知识（Knowledge）、领会（Comprehension）、运用（Application）、分析（Analysis）、综合（Synthesis）及评价（Evaluation）。布鲁姆教育目标分类理论以学生外显的学习行为和学习结果作为具体描述，从简单到复杂分为上述 6 个层级，使得学生认知层次清晰可评。

在 2001 年，由布鲁姆以前的学生洛林·安德森（Lorin Anderson）领导的一个由认知心理学家、教育研究者和测试专家组成的新小组对分类法进行了修订。布鲁姆的修订分类法借鉴了 21 世纪教育和心理学的最新发展，使其成为一种更完整、更实用的教育方法。在新版的布鲁姆目标分类教育理论中融入了当前认知心理学的研究成果，为了克服原有理论对教学目标表述模糊的确定，增强理论的可操作性，丰富和发展了原有的目标教学学习理论，通过知识与认知过程两个维度来说明知识学习与能力发展之间的关系。两个维度之下还设有具体的分类项，使理论更加具体化、形象化。该体系中，安德森将布鲁姆原体系中作为一个类别或层级的"知识"抽取出来，成为一个独立的维度，这样就形成了由"知识"和"认知过程（认知操作）"两个维度构成的二维分类体系。其中，"知识"维度分为 4 个并列的类别：事实性知识、概念性知识、程序性知识和元认知知识（也称反省认知知识），"认知过程"维度包含记忆（Remember）、理解（Understand）、运用（Apply）、分析（Analyse）、评价（Evaluate）和创造（Create）6 个层级（类别），具体的教学目标或学习结果便由特定类别的"知识"与特定水平的"认知过程"相结合而成。

布鲁姆最著名的成就是在认知领域的研究。布鲁姆教育目标分类学认知过程维度在理论和实践方面都较为科学和成熟。

布鲁姆的教育目标分类学理论具有两大特征：一是可量化、可测量。为了使教育评价的起点、评价目标客观标准化，他提出目标的可测量性，为之后的评价阶段提供了更加真实和客观的依据。二是目标有层次梯度。目标由简单到复杂递增，后一类目标只能建立在已经达成的前一类目标的基础上，从而形成了目标的层次结构。[13][14][15][16][17]

3.1.1　认知领域（Recognitive level）

认知领域的目标是指知识的结果，包括知识、领会、运用、分析、综合和评价 6 个层次，如图 3 - 1 所示。

3.1.2　认知领域 6 个层次的解读

1. 认知（Knowledge）

认知是指认识并记忆。这一层次所涉及的是具体知识或抽象知识的辨认，用一种非常接近于学生当初遇到的某种观念和现象时的形式，回想起这种观念或现象。这种知识是特定知识，如术语和事实；处理特殊问

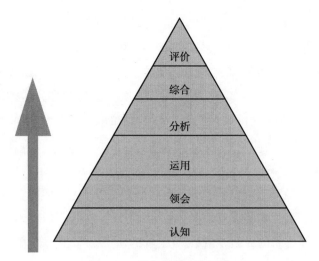

图 3 - 1　认知领域 6 个层次

题的方法或途径的知识，如序列、分类、标准、方法等；一般或抽象的知识，如原理、理论、知识框架等。与这一层次目标相关的概念，如回忆、记忆、识别、列表、定义、陈述、呈现等。

2. 领会（Comprehension）

领会是指对事物的领会，但不要求深刻的领会，而是初步的，可能是肤浅的。包括：

（1）转换：用自己的话或用与原先的表达方式不同的方式表达自己的思想。

（2）解释：对一项信息加以说明或概述。

（3）推断：估计将来的趋势或后果。与此目标相关的概念，如说明、识别、描述、解释、区别、重述、归纳、比较等。

3. 运用（Application）

运用是指对所学习的概念、法则、原理的运用。它要求在没有说明问题解决模式的情况下，学会正确地把抽象概念运用于适当的情况。这里所说的应用是初步的直接应用，而不是全面地、通过分析、综合地运用知识。与此目标相关的概念，如应用、论证、操作、实践、分类、举例说明、解决等。

4. 分析（Analysis）

分析是指把材料分解成它的组成要素部分，从而使各概念间的相互关系更加明确，材料的组织结构更为清晰，详细地阐明基础理论和基本原理。与此目标相关的概念，如分析、检查、实验、组织、对比、比较、辨别、区别等。

5. 综合（Synthesis）

综合是以分析为基础，全面加工已分解的各要素，并再次把它们按要求重新地组合成整体，以便综合地创造性地解决问题。它涉及具有特色的表达，制订合理的计划和可实施的步骤，根据基本材料推出某种规律等活动。它强调特性与首创性，是高层次的要求。与此目标相关的概念，如组成、建立、设计、开发、计划、支持、系统化等。

6. 评价（Evaluation）

评价是认知领域里教育目标的最高层次。这个层次的要求不是凭借直观的感受或观察的现象作出评判，而是理性地、深刻地对事物本质的价值作出有说服力的判断，它综合内在与外在的资料、信息，作出符合客观事实的推断。[18]

"认知"停留在对事物的初步辨认层面，其技能表现是列举、引用、命名、定义等。"领会"涉及浅层的理解，其典型技能是描述和解释。"运用"有点像"生搬硬套"，其典型技能是图示、计算和预测。"分析"则指向构成要素、相互关系甚至作用原理，其典型技能是对比和辨别。"综合"就是要体现创造性，其技能特征是设计、开发、规划和提议。"评价"就是在融会贯通的情况下指出事物的本质或者明确其特点，其典型技能是证明和辩护。[19]

可以看出，前三类问题属于初级层次的认知问题，答案一般比较明确，后三类属于高级认知问题，可以有效地激发学生思维，培养学生解决复杂问题的能力和创新能力。

3.1.3 认知领域修订版

布鲁姆教育目标分类系统广泛应用于教育上的课程、教学、测评和测验编制上，影响极为深远。但历经40年的使用，随着相同学术领域研究成果的累积，以及心理学认知历程、研究发展及建构主义的崛起等，不时有批判反思之声，提出了呼吁修订布鲁姆的分类系统的建议（参见表3-1、图3-2）。

表3-1   修订的认知目标分类学

The Knowledge Dimension 知识维度	The Cognitive Process Dimension 认知过程维度					
	Remember 1 记忆	Understand 2 理解	Apply 3 运用	Analyze 4 分析	Evaluate 5 评价	Create 6 创造
Factual Knowledge A 事实性知识						
Conceptual Knowledge B 概念性知识						
Procedural Knowledge C 程序性知识						
Meta-cognitive Knowledge D 元认知知识						

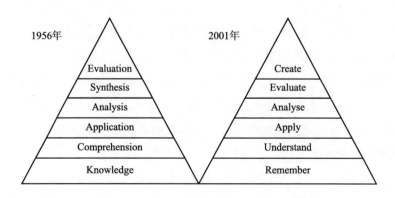

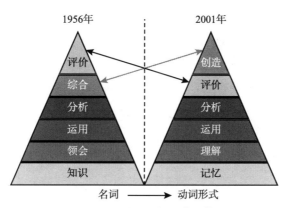

图 3 − 2　认知目标分类比较

布鲁姆分类法新旧的区别主要体现在以下几个方面：

（1）旧版的名词词态改成了动词词态，以符合建立目标时所形成的动名词关系。

（2）目标类别分成名词和动词两个维度及"知识"和"认知过程"，旧版只有一个维度，两个维度也构成新分类表的基础。

（3）交换旧版"综合"和"评价"的顺序，并改称为"评价"和"创造"。

3.1.4　布鲁姆教育目标分类学的评价

1956 年，布鲁姆教育目标分类学（认知领域）的问世开辟了教育目标分类学研究的先河，一经推出，便融入教育教学的各个部分，成为课程建设乃至教学实践的内在逻辑并迅速在世界范围内广泛流传，为众多国家或组织的教育改革与发展作出了巨大贡献。自 20 世纪中叶布鲁姆教育目标分类学推出至今，教育目标分类体系便一直是教学实践的内在线索，是教学目标确定、教学过程设计乃至教学评价的重要依据。

作为教师，一直努力解决关于教育教学和学生学习问题，主要包含以下四个方面的问题：第一是学习问题，在有限的课堂教学时间内，什么值得学生学习？第二是如何设计教学计划并进行课堂实践，可以实现大部分学生高阶学习；第三是考核评价问题，如何选择或设计考核评价工具和程序，才能够准确反映学生学习成果；第四是一致性问题，如何确保教学目标和考核评价保持一致。

利用布鲁姆教育目标分类法，将教育目标、教学/学习设计、考核评价这三者放在一个水平层次上，教学或者学习的活动是基于教育目标的，考核评价能够反映教育目标的达成情况，教学/学习活动能够帮助学生在考核评价中表现良好，实现最初的教育/学习目标，等等。

布鲁姆的教育分类目标分类学并非尽善尽美，但有助于我们从多角度、多水平、多层次去考虑学校的教育教学目标问题，最终落实到教学上才能实现它本身的目的。它也提醒教师，学生获取知识或者对我们所教授内容的记忆不是教学所要达到的最终目标。我们必须努力帮助学生达到更高水平的认知目标，因此我们要考虑认知领域目标的实现。

3.2 职业能力发展阶段理论

3.2.1 德雷福斯模型

像所有的学习和发展理论一样，布鲁姆的分类法也有弱点和局限性。它只是描述和评估人类学习活动的一种方法，因此建议与其他教育方法一起使用，并有意识地避免其弱点和局限性的副作用。

职业能力发展阶段理论是一种技术获得，模型由美国学者休伯特·德雷福斯（Hubert Dreyfus）和他的弟弟斯图亚特·德雷福斯（Stuart Dreyfus）共同创立。

休伯特·德雷福斯是美国加州大学伯克利分校的哲学教授，20世纪80年代以来，休伯特·德雷福斯与他的弟弟斯图亚特·德雷福斯合作，把他们的哲学观点浓缩为一个具体的技能获得模型来阐述。[20]

他们认为人类技能获得有七个阶段模型，分别是新手、初学者

（Novice）阶段，高级初学者（Advanced beginner）阶段，胜任（Competence）阶段，精通（Proficiency）阶段，专家（Expertise）阶段，大师（Mastery）阶段，实践智慧（Practice wisdom）阶段。在该技能获得模型中，前三个阶段为低级阶段，第四个阶段为过渡期，后三个阶段为高级阶段。在休伯特·德雷福斯看来，并不是每一位技能获得者最终都能够达到技能的高级阶段，而且，在学习过程中，这几个阶段的划分也不是绝对的，有时会相互交叉。

（1）新手（novice）阶段。在这个阶段，学习者首先在老师的指导下，把目标任务分解为他们在没有相关技能的前提下能够辨认的与语境无关的一些步骤或程序，然后，向学习者提供相应的操作规则。这时，学习者只是规则或信息的消费者，只知道根据规则进行操作。

（2）高级初学者（advanced beginner）阶段。当学习者掌握了处理现实情况的某些实际经验，开始对相关语境有了一定的理解时，他们就能够注意目标域中有意义的其他先例。这时，学习者掌握了一定的技能，获得了处理实际情况的经验和能力，开始根据自己的需要和兴趣关注与任务相关的其他问题，有了初步融入情境的感觉。

（3）胜任（competence）阶段。学习者随着经验的增加，能够辨认和遵守的潜在的相关因素与程序越来越多，通常会感到不知所措，并对掌握了相关技能的人产生了发自内心的敬佩感。学习者为了从这种信息上升到能胜任的程度，开始通过接受指导或从经验上设计适合自己的计划或选择某一视角，进行因素的取舍与分类，即确定在具体情境中把哪些因素看成是重要的，哪些因素看成是次要的甚至可忽略不计，从而使自己的理解与决策变得更加容易。这时，学习者真正体会到，在获得技能的实践中，真实情境要比开始时教练或老师精确定义的规则或准则复杂许多，没有一个人能为学习者列出所有可能的情境类型。在这一阶段，学习者开始有了较为明确的计划与目标，提高了快速反应能力，降低了任务执行过程中的紧张感，但他们只能独立处理较为简单的问题。

（4）精通（proficiency）阶段。随着经验的增加，学习者能够完全参与到问题域中，在学习过程中积累的积极情绪与消极情绪的体验强化了成功的回应，抑制了失败的回应。学习者由伴有直觉回应的情境识别能力取代了由规则和原理表达的操作程序。学习者只有在把实践经验同化到自己的身体当中时，才能发展出一种与理论无关的实践方式。这时，学习者开始体现出直觉思维，但还是以理性思维为主。因此，这个阶段的最大特征是学习者具备了一定的直觉回应能力，即获得了根据语境来辨别问题或情境的能力。

（5）专家（expertise）阶段。当所学的技能变成了学习者的一技之长时，他们就成为专家。专家不仅明白需要达到的目标，而且知道如何达到目标，即知道实现目标的具体方式或途径。这种更高的辨别力把专家与精通阶段的学习者区分开来。在许多情境中，尽管两个层次的人都具有足够的经验从同样的视角看出问题，但战略决策会有所不同，专家具有更明显的直觉情境回应能力，或者说，已经具备了以适当的方式去做适当的事情的能力，在处理问题的过程中能够做到随机应变，体现出直接的、直觉的、情境式的反应。这时，学习者的直觉思维完全替代了理性思维。[21]

前五个阶段的联系及人数占比如图 3 - 3 所示。

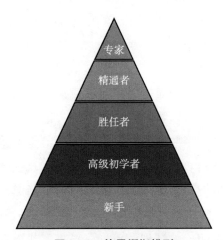

图 3 - 3 　德雷福斯模型

德雷福斯为了更清楚地说明问题，把获得技能的这五个阶段之间的区别与联系归纳为表 3 - 2。

表 3 – 2　　　　　　　　　　　　职业能力发展阶段的比较[22]

技能等级	比较维度			
	情境中的要素	视角	思维方式	与世界的关系
新手/初学者阶段	与语境无关的	没有	分析思维	分离
高级初学者阶段	与语境无关的和情境的	没有	分析思维	分离
胜任阶段	与语境无关的和情境的	有	分析思维	在行动和决策方面与世界分离，在结果方面与世界相融合
精通阶段	与语境无关的和情境的	以经验为基础	分析思维	在决策方面与世界相融合，在行动方面与世界分离
专家阶段	与语境无关的和情境的	以经验为基础	直觉思维	在决策与行动方面都与世界相融合

3.2.2　基于职业能力发展阶段理论的职业教育中高本衔接

《现代职业教育体系建设规划（2014—2020 年）》中提出："我国职业教育需形成适应发展需求、产教深度融合、中职高职衔接、职业教育与普通教育相互沟通，具有中国特色、世界水平的职业教育体系。"

中高本衔接是通过职业教育在中等职业教育、高等职业教育和应用型或职业本科教育三个教育层次之间的人才培养衔接贯通，实现一体化培养技术技能人才的一种人才培养机制。职业教育中高本衔接引导职业教育不仅能够适应市场经济对人才的要求，还兼顾学生的自我发展需要。通过各层次之间的连通和承接，能够使学生更加顺畅、更加科学地实现知识体系积累和能力层级有序衔接、递进，是实现职业教育高质量发展的有效路径，对于办好职业教育、形成合理的教育结构和层次、促进职业教育可持续发展具有重要的意义。

但是这种衔接不是简单的学校之间的衔接、学历之间的衔接，更重要的是人才培养和办学定位的衔接。目前，国家倡导职业教育中高本衔接建设，实际就是遵循职业能力发展阶段理论。因此应该凸显办学层次上的差异，例如高职教育培养的定位主要是各行业专业应用型人才，而应用型本科应将人才培养定位于高级应用型人才。

中高本职业教育衔接建设的本质是发展学生的职业能力，职业能力的发展不是简单的知识学习与积累过程，而是从胜任简单工作任务到胜任复杂工作任务的综合职业能力的发展过程。中高本衔接以课程衔接体系为基础和重点，因而在课程设置方面，要遵循由浅入深，由易到难的原则。职业能力发展与知识学习具有渐进性和阶段性，所以课程设置要具有层次性，如图 3-4 所示。[23]

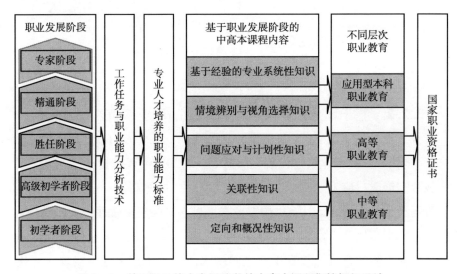

图 3-4　基于职业能力发展阶段的中高本课程衔接框架设计

在培养方式上，按照工学结合、校企合作的方式培养人才，既要教授学生必要的专业基础理论，又要进行适度的实践活动，确保二者比例恰当，培养出具备一定的专业职业技能，能够适应企业要求，适应社会发展的人才。在实践实训方面，要体现层次性。实训的层次越高，对应的训练复杂程度也越高，呈现渐变式的上升。需要进行一体化的设计，避免出现重复和脱节。例如，在中职阶段，首先进行简单的业务认知方面的实训，然后进入高职阶段进行业务处理方面的实习，最后上升到应用型本科实训，进行复杂的方案设计、方案改造评价等高层次的实训。这个整体的实训过程是渐变式的，需要从整体上进行一体化设计。[24]

职业能力发展阶段理论，不仅为我们探索职业教育构建中高本衔接体系提供了理论和实践指导，而且能够指导我们在专业认证中如何设计人才培养方案，规划课程学习成果，设计实习实训课程，科学发展学生职业能力。

3.3 布鲁姆教育目标分类理论和职业能力发展阶段理论在国际认证中的应用

本研究运用布鲁姆教育目标分类理论的认知过程维度的目标分类和职业能力发展阶段理论，对专业评估认证要素开展理论和实证研究。

3.3.1 布鲁姆分类法在学习成果方面的应用

布鲁姆注重知识的积累、学习过程的循序渐进性。布鲁姆分类法基于生物分类学，以学生的外显行为作为教学目标分类的基点。以分类学为依据的分类方法具有可测量性和可观察性，对指导操作性、形成性的学习具有客观的价值。布鲁姆以教学目标的复杂程度作为分类的依据，其分类理论注重学科的纵向发展。由于布鲁姆分类法所具有的可测量性、可观察性以及教学目标的可描述、可分析性，得到课程编制者及评价专家的关注。在布鲁姆的分类理论中，不论是主类还是子类之间都具有连续性、层次性和累积性。布鲁姆的分类是一个累积学习的模式，目标由简单到复杂（从下层向高层发展），上层目标的实现只能建立在下层目标的达成之上。

国际专业标准的制定核心是学习成果（LO：Learning outcomes）。学习成果是指学习者在完成某一阶段学习后，所被期望了解、理解并向他人展示的内容的陈述（OECD 的定义：Learning outcomes are statements of what a learner is expected to know, understand and/or be able to demonstrate after completion of a process of learning)。[25]

学习成果是学生在成功完成课程后，应当了解该做什么，及是否有能力去做。这些应遵循良好实践的原则：具体的（specific）、可行的（feasible）、可衡量的（measurable），足够清晰以告知课程设计、教学方法和考核我们对专业课程的学习成果重新进行梳理和整改。学习成果具有进阶性，课程学习成果（LOs）中应体现学生知识和技能的进步和循序渐进。

会计专业利用布鲁姆教育分类方法对每一门专业课程进行重塑和规范，力求准确描述课程的学习成果，尤其关注命令动词的使用。我们把所有的会计专业课程按照学年分成 3 个层级，第一学年、第二学年和第三学年，每个学年的课程对应相应的级别。第一学年对应 RQF 4 级，第二学年对应 RQF 4 级和 RQF 5 级，第三学年对应 RQF 5 级。每个层级的命令性动词，都按照布鲁姆分类法进行归纳总结，并列出表格方便教师选用，如表 3 - 3 所示。

表 3 - 3　　　　　　　布鲁姆分类法命令词/指令词汇

定义	认知 （知识）	领会 （理解）	运用 （应用）	分析	综合	评价
布鲁姆分类法定义	记忆之前学过的知识	表现出对于事实的理解	将知识应用于实际情况	把事务或想法分解成更简单的部分，然后找到支撑的证据	把各部分的想法整合成一个新的整体，或提出替代的解决方案	根据内部证据或外部标准作出判断并为之解释
命令词/指令词	组织 定义 描述 复述 识别 标出	分类 转换 描述 讨论 区分 估计	应用 改变 选择 计算 演示 发现	分析 评价 分解 计算 分类 比较	安排 组装 分类 收集 结合 遵守	估值 说出 评估 连接 选择 比较
学年	第一学年			第二学年		第三学年

提示：不能作为"词"理解，体现 RQF 5 级对知识、技能的理解。
目的：证明学生理解的技能、知识程度；具体学生能做到什么程度。
与考核的关系：相应的考核需要与学习成果匹配

3.3.2　布鲁姆分类法在考核方案方面的应用

按照布鲁姆的教育目标分类法，在认知领域的教育目标可分成：认知（知识），领会（理解），运用（应用），分析，综合，评价。布鲁姆的教学目标分类法在设计评估试卷时设计问题我们可以遵循以下原则：所提问题可以从简单逐渐发展到复杂；可以按学习成果的要求，分层次提出问题。例如会计专业每个学年都开设会计学课程，例如会计基础、初级会计实务、中级会计实务，在不同的阶段，对学生的考核要求是有区别的，设计试卷时，遵循布鲁姆的教学目标分类法示例如表 3 - 4 所示。

表 3 - 4　　　　　　　　　　布鲁姆分类法问题设计

定义	认知（知识）	领会（理解）	运用（应用）	分析	综合	评价
布鲁姆分类法定义	学生对知识的回忆和确认	学生对概念、规律的理解，让学生进行知识的总结、比较和证明某个观点	学生对所学概念、法则、原理的运用	学生透彻地分析和理解，并能利用这些知识来对自己的观点进行辩护	学生系统地分析和解决某些有联系的知识点集合	学生理性地、深刻地对事物本质的价值作出有说服力的判断
问题设计	"借贷记账法的规则是什么?"	"权责发生制与收付实现制的区别和联系?"	"请解释应收账款为什么属于流动资产?"	"为什么融资租赁时，承租方负责承担设备的维修和折旧?"	"利润表盈利是否代表企业真的赚钱了?"	"请评价财务报表的价值和局限性?"
学年	第一学年			第二学年		第三学年

这六种类型的问题中，前三类属于初级层次的认知问题，它一般有直接的、明确的、无歧义的答案，而后三类问题属于高级认知问题，通常没有唯一的正确答案，不同的角度有不同的回答。

3.3.3 职业能力发展理论在人才培养方案中的应用

德雷福斯职业能力发展理论告诉我们，人才培养必须遵循循序渐进的能力发展规律。

德雷福斯技能获得模型（Dreyfus model of skill acquisition）将技能培养过程总结为五个阶段：初学者阶段（novice stage）、高级初学者阶段（advanced beginner stage）、胜任阶段（competence stage）、精通阶段（proficiency stage）以及专家阶段（expertise stage）。运用德雷福斯技能获得模型所提供的范式，制定人才培养方案过程中应该根据学生的不同技能水平阶段制定相应的教学目标、教学计划和教学方法。

1. 就业与进阶

在人才培养方案的就业和进阶模块，会计专业基于职业能力发展理论，分别针对学生不同层级的职业能力设计了与之匹配的职业岗位群，从胜任简单工作任务到胜任复杂工作任务，循序渐进。会计职业岗位从基础的出纳岗位、会计岗位、财务管理岗位，岗位职业能力呈现递进趋势，形成阶梯式职业岗位发展路径，如表 3-5 所示：

表 3-5　　就业岗位与职业能力的对应关系

序号	岗位（群）	岗位（群）业务描述
1	出纳岗位	1. 办理现金、银行存款收付业务； 2. 编制记账凭证； 3. 及时序时登记现金、银行存款日记账等
2	会计岗位	1. 掌握会计软件及其他信息工具的使用； 2. 完成企业日常经营业务的会计核算； 3. 税种计算申报缴纳
3	财务管理岗位	1. 完成企业财务分析工作； 2. 协助完成企业经营分析工作； 3. 协助完成企业筹资管理、投资管理等工作

2. 实践教学体系设计

高职教育培养的是高素质技能性和应用性人才，它以培养目标的应用性、专业设置的职业性、教育学习过程的实践性为特点。人才培养不仅要满足岗位需要，还要能适应社会发展的不断变化。为了培养学生的职业能力，我们突出实践教学的主体地位。我们以职业能力的培养形成为主线，整合各实践教学环节，把培养学生职业能力的实践教学作为一个整体考虑，把实践教学贯穿到整个学习过程，构建了比较完整的实践教学体系。并通过实践教学环节的具体落实来保证培养目标的实现。

在会计专业实践教学体系设计中，依托职业能力发展理论，基于岗位核心工作能力设计，按照从单项技能训练，到岗位综合能力训练，最后是真账实操训练的递进顺序设计。职业能力培养亦呈现逐级递进趋势，如图3-5所示。

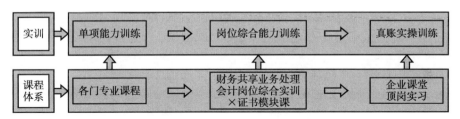

图3-5 实践教学体系设计

第 **4** 章

UK NARIC 国际认证体系研究

UK NARIC（英国国家学历学位评估认证中心），是全球首家在世界范围内开展针对国际教育体系和学历学位认证与评估工作的机构，充当了世界国际资格的翻译机。目前已经发展成为全球最具权威的第三方认证机构。作为一个全球资历框架认证工具，UK NARIC 用于国与国之间的资历框架比较和国际专业标准实质等效转化。

4.1 机构介绍

4.1.1 背景分析

在经济全球化的背景下，由于学生及劳动力的大量流动，世界各国在社会、文化、教育等领域的交流与合作的不断深化，呈现出国际化和全球化的趋势，与此同时也推动着高等教育呈现国际化趋势。但是由于教育体系、资历的多样性和多元化，国际化趋势面临诸多挑战。考虑到这些因素，联合国教科文组织（United Nations Educational, Scientific and Cultural Organization, UNESCO）于 1947 年首次提出"考虑学位对等问题"，在之后的 1975～1983 年，全球相继签署了 6 个包括《欧洲地区高等教育资历认可公约》（简称《里斯本公约》）在内的关于高等教育资历跨境认可的地区公约，《里斯本公约》规定了签署成员在平等条件下成立 NARIC 机构进行资历互认，现有 57 个签署成员。

由联合国教科文组织（UNESCO）提出的欧洲国家资历互认的《里斯本公约》规定了各个签署国在平等条件下，需成立 NARIC 机构进行学历互认。

《里斯本公约》基本原则：

（1）一方颁发的资格证书持有人应有足够的机会对这些资格证书进行评估；

（2）不得以任何理由歧视；

（3）每一缔约方应确保在评估认证资格时，采用的程序和标准是透明、有逻辑和可靠的；

（4）57 个签署国。

4.1.2　发展历程

英国是第一个探索且提供一体化学历学位认证服务的国家，也是《里斯本公约》57 个的签署成员之一，其所成立的 NARIC 机构即 UK NA-RIC 在《里斯本公约》里占主导地位。

UK NARIC 成立于 1983 年初，1997 年成为独立的英国官方指定的唯一一家全球学历学位评估认证机构，总部位于英国切尔滕纳姆市，目前已建立起全球会员网络，拥有 1000 多个会员机构，遍布超过 62 个国家和地区，是全球首家在世界范围内开展针对国际教育体系和学历学位认证与评估工作的机构，充当了世界国际资格的翻译机。目前已经发展成为全球最具权威的第三方认证机构。

特别说明：由于英国脱离欧盟，UK NARIC 改名为 UK ENIC。未来，我国将不受欧盟的限制，在开展各项工作时，能够更好地以全球为导向，对全球产生更大的影响。在中国，将保留"UK NARIC 中方理事会"的名字。

英国是第一个探索并且提供一体化学历学位认证服务的国家。UK NARIC 也是全球首家在世界范围内开展针对国际教育体系和学历学位认证与评估工作的机构，充当了世界国际资格的翻译机。

UK NARIC 已建立起了目前世界上最完整的全球学历学位知识数据库，数据囊括了超过 4000 种的国际学历文凭，涵盖了 200 个国家和地区，其最为尖端的成绩对比数据更是在不断地升级和完备中。

UK NARIC 目前已建立起全球会员网络，拥有 1000 多个会员机构，遍布超过 62 个国家和地区，囊括了英国所有的高等教育学校。主要会员国家和地区有英国、美国、澳大利亚、加拿大、中国香港、爱尔兰、瑞士、新西兰、新加坡等。[26]

4.1.3 认证体系

世界各国教育系统的多元性和学生流动模式的多样化，教育结构差别很大，资历不能直接对等，UK NARIC 评估认证服务充当了国际资格的翻译机，说明了可比性，以及最能与之相比的国际资历水平。UK NARIC 评估认证服务：负责提供任何级别学历学位（从小学到大学，博士后）资历水平的独立评估，根据其特有的 UK NARIC 突破性模型，有效识别各种国际文凭，给出全面的资历等级水平项目报告并提出可行的改进方案。

1. 项目任务

通过全球极富权威的第三方评估认证机构，对高等职业院校专业、专业群专业进行国际专业标准的评估认证，通过对标英国资历框架（Regulated Qualifications Framework，RQF）、欧洲资历框架（European Qualifications Framework，EQF）或任何最终选定的其他国家资历框架，找出其可比性及实质性差异，进行评估后提出改进修改方案，并协助中方院校进行专业标准、课程内容等的整改，提升课程品质，以达到可进行国际交流的水平。为了获得国际标准证书，必须满足所有质量标准。

英国资历框架（RQF）涵盖 1~8 级的八个级别，以及 1~3 级的准入等级。英国资历框架 1~3 级认可中等资历和较低级别的职业证书，4~8

级认可更高级别的职业证书和专业培训。每个级别都有一个相对应的级
别叙述，其中列出了该级别资历所需的技能和知识。作为成果导向型框
架，英国资历框架提供了一种灵活的资历参考方法，其中资历水平取决
于其发展的知识、技能与能力水平（见表 4 - 1）。

表 4 - 1　　　　　　　　　　英国资历框架（RQF）

	知识	技能
准入 1	从最基本的成就到开始运用与科目或直接环境相关的知识和/或理解的连续性发展	从最基本的成就到开始利用与科目或直接环境相关的技能的连续性发展
准入 2	对某一科目有基本的知识或理解，并/或能完成简单、相似的任务；以及知道完成简单活动所需的步骤	执行简单、相似的任务和活动。按照指示或使用联系过的步骤完成任务和活动
准入 3	具有基本的知识和理解能力，能够在熟悉的环境中开展有组织的任务和活动；以及知道并理解在熟悉的情境中完成结构化任务和活动所需的步骤	在熟悉的情境中开展有组织的任务和活动
		意识到行动对自己和他人造成的后果
L1	具备某一科目的基本事实性知识和/或事实、程序和思想知识，以完成明确规定的日常任务和解决简单问题；以及是否了解与所学领域或工作相关的信息方面	运用基本的认知和实践能力，完成规定好的常规任务和程序
		选择和使用相关信息
		查明行动是否有效
L2	对某研究领域或工作领域的事实、程序和思想有一定的知识和理解，能够完成明确规定的任务并解决简单的问题	选择并运用相关的认知能力和实践能力，完成明确的、一般常规性的任务，解决简单的问题
	能解读相关信息和观点	查明、收集和使用相关信息，为行动提供指导
	了解到一系列与学习或工作领域相关的信息	明确行动的效果如何

资料来源：https：//www. gov. uk/guidance/ofqual-handbook/section-e-design-and-development-of-qualifications.

英国资历框架还与其他资历框架相联系，例如英国高等教育资历框
架（UK Framework for Higher Education Qualification，FHEQ）和欧洲资历

框架（EQF）。FHEQ 与 RQF 并行实施，涵盖英格兰、威尔士和北爱尔兰机构（包括大学和上市机构）在高等教育中提供的所有主要资历。与八个级别的 RQF 相比，FHEQ 包括五个级别：4－8 级。FHEQ 4 级认可高等教育证书，FHEQ 5 级认可高等教育大专文凭，FHEQ 6 级认可学士学位。FHEQ 7 级认可研究生学位，包括硕士学位。FHEQ 由质量保障局（QAA）为高等教育设计，旨在为高等教育证书水平和预期成果提供一般参照点和指导（见表4－2）。

表4－2　　将英国资历框架与英国高等教育资历框架和欧洲资历框架以及关键证书进行一致性对照表[27]

Educational/Employment Stage 教育就业阶段	RQF 英国资历框架	FHEQ 英国高等教育资历框架	EQF 欧洲资历框架
Entry level awards, typically covering personal and social development 准入等级证书，通常涵盖个人和社会发展	Entry Level 1（E1）准入等级1（E1）		
	Entry Level 2（E2）准入等级2（E2）		
	Entry Level 3（E3）准入等级3（E3）		Level 1 1 级
Secondary education. Initial entry into employment or further education 中等教育 初次就业或继续教育	Level 1 *L1 Vocational qualifications GCSE Grades 1－3* 1 级职业资历中等教育普通证书（*GCSE*）1～3 级		Level 2 2 级
	Level 2 *L2 Vocational qualifications GCSE Grades 4－9* 2 级职业资历中等教育普通证书（*GCSE 4～9* 级）		Level 3 3 级
Upper Secondary education. Initial entry into employment or higher education 高中教育 初次就业或接受高等教育	Level 3 *L3 Vocational qualifications GCE AS and A Level* 3 级职业资历普通教育高级补充级证书（*GCE AS*）普通教育高级证书（*GCE A Level*）		Level 4 4 级

续表

Educational/Employment Stage 教育就业阶段	RQF 英国资历框架	FHEQ 英国高等教育资历框架	EQF 欧洲资历框架
Specialised education and training 专业教育和培训	Level 4 *L4 Vocational qualifications* *BTEC Higher National Certificate*（*HNC*）商业与技术教育委员会国家高级教育证书（*BTECHNC*）	Level 4 *Certificate of Higher Education*（*CertHE*）高级教育证书（*CertHE*）	Level 5 5 级
	Level 5 *L5 Vocational qualifications* *BTEC Higher National Diploma*（*HND*）5 级职业资历商业与技术教育委员会英国高等教育文凭（*BTEC - HND*）	Level 5 *Diploma of Higher Education*（*DipHE*）高等教育大专文凭（*DipHE*）	
Entry to professional graduate employment or postgraduate study 进入专业毕业生就业或研究生学习	Level 6 *L6 Vocational qualifications* 6 级职业资历	Level 6 *Bachelor degree，Bachelor*（*Honours*）*degree* 学士学位、（荣誉）学士学位	Level 6 6 级
Professional or postgraduate education，research or employment 专业或研究生教育、研究或就业	Level 7 *L7 Vocational qualifications* 7 级职业资历	Level 7 *Postgraduate Certificate，Postgraduate Diploma，Master's degree，* 研究生证书、研究生文凭、硕士学位	Level 7 7 级
	Level 8 *L8 Vocational qualifications* 8 级职业资历	Level 8 *Doctorate* 博士学位	Level 8 8 级

欧洲资历框架（EQF）是一种参考工具，旨在帮助理解国家资历框架及其相互关联方式，通过促进整个欧洲资历的转换、认可和比较来支持区域流动。EQF 有八个级别，级别描述与学习成果的层次结构有关。EQF 的学习成果是指在一段时间的培训或教育结束时获得的知识、技能和自主性（见表 4 - 3）。

表 4 – 3 　　　　　　　　　　　欧洲资历框架（EQF）

等级	维度		
	知识	技能	责任和自主权
等级	在 EQF 中，责任和自主性被描述为学习者自主地和负责任地应用知识和技能的能力	在 EQF 中，知识被描述为理论性的和/或事实性的	在 EQF 中，技能被描述为认知型（涉及到逻辑思维、直觉思维和创造性思维的运用）和实践型（涉及到动手能力和方法、材料、工具和仪器的使用）
一级	基本常识	完成简单任务所需的基本技能	在结构化的背景下，在直接监督下工作或学习
二级	某工作或研究领域的基本事实性的知识	基本的认知能力和实践能力，即利用相关信息执行任务，利用简单的规则和工具解决日常问题	在有一定自主权的监督下工作或学习
三级	某工作或研究领域的事实、原则、过程和一般概念的知识	通过选择和应用基本方法、工具、材料和信息，完成任务和解决问题所需的一系列认知和实践能力	对完成工作或学习中的任务负责；在解决问题的过程中，根据实际情况调整自己的行动
四级	某工作或研究领域内的广泛背景下的事实性和理论性的知识	为解决工作或研究领域中的具体问题所需的一系列认知和实践技能	在工作或学习环境的指引下进行自我管理的锻炼，这些工作或学习环境通常是可以预测的，但会有变化。监督他人的日常工作，对工作或学习活动的评价和改进负有一定的责任
五级	某工作或研究领域内的全面、专业、事实性和理论性的知识，以及对该知识界限的认识	培养创造性地解决抽象问题所需的综合认知能力和实践能力	在工作或学习活动中，在不可预知的变化的情况下进行管理和监督；检讨和发展自己和他人的表现
六级	对某工作或研究领域的高级知识，包括对理论和原则的批判性理解	在专业工作或研究领域内解决复杂和不可预知的问题所需的高级技能，表现出掌握和创新能力	管理复杂的技术或专业活动或项目，负责在不可预知的工作或学习环境中进行决策；负责管理个人和团体的专业发展
七级	高度专业化的知识，其中有些知识是工作或研究领域的前沿知识，作为原创性思考和/或研究的基础对某一领域的知识问题以及不同领域之间的衔接处的知识问题有批判性的认识	在研究和/或创新方面需要有专门的解决问题的技能，以开发新的知识和程序，并整合不同领域的知识	管理和改变复杂、不可预测和需要新的战略方法的工作或研究环境；负责专业知识和实践的提升，并/或审查团队的战略表现

	维度		
	知识	技能	责任和自主权
等级	在 EQF 中，责任和自主性被描述为学习者自主地和负责任地应用知识和技能的能力	在 EQF 中，知识被描述为理论性的和/或事实性的	在 EQF 中，技能被描述为认知型（涉及到逻辑思维、直觉思维和创造性思维的运用）和实践型（涉及到动手能力和方法、材料、工具和仪器的使用）
八级	处于某工作或研究领域和各领域之间的衔接处的最前沿的知识	解决研究和/或创新中的关键问题，以及扩展和重新定义现有知识或专业实践所需的最先进和最专业的技能和技术，包括综合和评估	在包括研究在内的工作或学习条件下，表现出实质性的权威性、创新性、自主性、学术性和专业性，并持续致力于发展新的思想或过程

资料来源：质量保障局，2017 年。资历可以跨越国界。参见网址：https://www. qaa. ac. uk/docs/qaa/quality-code/qualifications-can-crossboundaries. pdf? sfvrsn = a852f981_12.

质量保障局，2019 年。将英格兰和北爱尔兰资历框架与欧洲资历框架相参照。参见网址：https://europa. eu/europass/system/files/2020 − 06/England% 20and% 20Northern% 20Ireland% 20Referencing% 20Report% 20. pdf.

2. 项目方法

作为一个全球评估认证工具，UK NARIC 等级资历框架用于国与国之间的资历框架比较，如图 4 - 1、图 4 - 2 所示。

图 4 - 1　UK NARIC 国家等级之间的资历框架比较

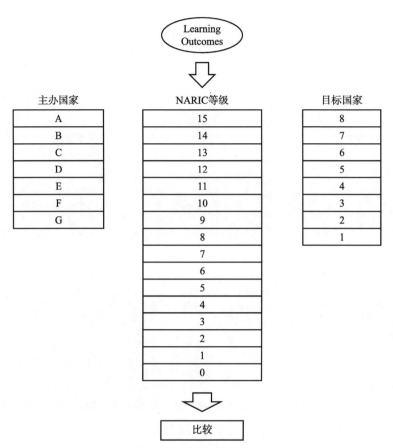

图 4 - 2　UK NARIC 国家等级对照

　　UK NARIC 高等职业教育领域国际专业标准评估认证计划将采用 UK NARIC 自主研发的 Benchmarking 评估方法，英国认证中心评估认证突破性模型（见图 4 - 3），通过 UK NARIC 的 16 个等级框架，围绕专业层面的"七大"核心内容，及校级层面的"五项"质量标准，根据国际质量指标以及目标国家资历框架对院校专业课程进行比较分析、评估，并提出整改建议。整改环节英国认证中心将提供整改培训，助力院校了解整改内容，帮助院校专业达到国际标准及可比性水平。[28]

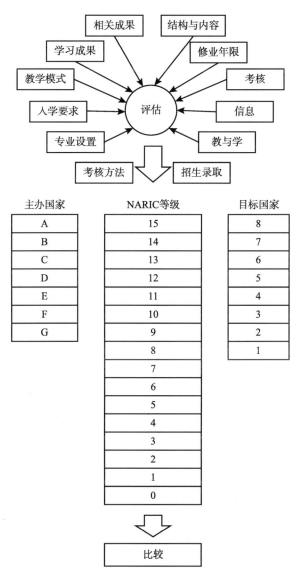

图 4 - 3　英国认证中心评估认证突破性模型

英国认证中心的等级框架是一个严格、公平和准确的框架机制，是用来做对标的方法和基准，是一个科学的方法论，16 个等级是英国认证中心根据全球各个国家总结概括研发的等级系统，不服从于任何一个国家，独立存在，能够有效地运用于学历学位评估、对比和标准划定工作，任何国家的任何课程、文凭、学历均可利用这个等级框架得到目标国家的相对应的等级，利用有逻辑的流程，用英国认证中心的分析结果向全世界解释相应资格的定位以及含金量。

UK NARIC 等级框架如表 4-4 所示。

表 4-4　　　　　　　　　　UK NARIC 等级框架[29]

UK NARIC 等级	UK NARIC 等级框架描述	RQF 等级	EQF 等级
0	• 注重基本技能和知识，使个人能够在熟悉的环境中积极地参与的资历。	准入等级 1~2	1
	• 简单、有针对性的任务可以在适当的监督下完成	准入等级 1~3	
1	• 证明某一特定科目或学科的基本知识的资历。	准入等级 3	1
		准入等级 1~3	
	• 直接的任务可以在适当的监督下完成	准入等级 3	
2	• 表明持有者拥有基本的知识和理解，以在方向性的指导下解决常见的问题	1	2
3	• 使得持有者有着相关的知识和理解，以解决问题，并能够在有限的方向上执行适当的任务和活动	2	3
4	• 表明持有者能够理解信息和想法，并在几个科目领域或学科中应用知识的资历。 • 可以在可能涉及有限的监督责任的明确界定的描述范围内独立进行的活动。 • 完成这一等级的学习可以获得高等教育资历	2~3	3
5	• 表明持有者能够解释信息和想法，并应用特定科目领域或学科的知识的资历。 • 这些资历可能会提供一个合适的出口点，让你在拥有相当大自主权和在一定监督能力的岗位上工作，尽管这是一个典型的以学术为导向提供接受高等教育机会的学位	3	4

续表

UK NARIC 等级	UK NARIC 等级框架描述	RQF 等级	EQF 等级
6	• 为持有者提供了解释、评估和应用特定领域知识的能力的资历。 • 个人在工作中有相当大的自主权，可以期望以监督者的身份行事	3	4
7	• 使得持有者能够分析、解释、评估和应用知识来解决一系列问题的资历。 • 个人对自己的工作以及在一定程度上对他人的工作负责	4	5
8	• 能够使持有者在广泛定义的描述内应用详细知识来处理复杂问题的资历。 • 个人在特定的专业领域内拥有完全的自主权，并可能承担一些管理责任	5	5
9	• 为持有者提供对某一特定科目或学科的一些主要原则、理论、概念和术语的批判性理解的资历证书。 • 个人独立工作，并能在一些专业情况下发挥主动性	6	6
10	• 能够使持有者运用其详细的知识和理解来开发适当的方法，并应用适当的技术来解决某一特定科目或学科中的复杂问题的资历。 • 个人拥有完全的自主权，并能在可能发生变化的专业情况下发挥主动性。 • 个人也可能承担重要的管理责任	6	6
11	• 为持有者提供了所选领域的详细知识和理解的资历。 • 个人拥有批判性的分析、解释和评估技能，可以应用于复杂的环境和理论，以形成自己的想法。 • 个人可以在这个层次上承担关键的发展和管理角色	7	7
12	• 为持有者提供所选定领域的高度专业化的知识和理解的资历。 • 个人拥有批判性的分析、解释和评估技能，可以应用于复杂的环境和理论，以形成自己的想法。 • 在学术方面，个人能够进行独立的研究活动。 • 个人可以为组织的发展和计划作出关键的贡献	7	7

UK NARIC 等级	UK NARIC 等级框架描述	RQF 等级	EQF 等级
13	• 能够使持有者对其选择的学科领域作出重大贡献的资历。 • 个人拥有高度发展的批判性分析、解释和评估的技能，可以应用于复杂的环境和理论，以形成自己的想法。 • 个人可以为组织的发展和规划作出重要贡献	7	7
14	• 反映了在一个高度专业化的领域发展原创想法和概念的能力。 • 在这一等级进行的工作处于所选学科的最前沿，并有助于发展该领域的知识	8	8
15	• 博士后学位	N/A	N/A

4.1.4　职业技能方面的主要工作

UK NARIC 积极支持技术和应用教育的发展。

第一部分：UK NARIC 的主要工作。

UK NARIC 为所有想在职业技能方面取得相关发展的公众提供机会、提供培训、提供认证。英国是第一个测试并且提供这种一体化学历认证服务的国家。除了为个人服务之外，UK NARIC 也会为一些机构和组织工作，UK NARIC 也会邀请社会组织加入，成为 UK NARIC 的会员。UK NARIC 有一个在线的数据库提供服务，它可以按国别进行分类。现在 UK NARIC 在全球 62 个国家有 918 个会员机构，包括所有的英国高校。在线的数据库也已经有了 1.7 万名注册用户。UK NARIC 在英国本土之外有超过 300 个会员机构，占整体的 30%。

在过去二十年中，UK NARIC 在研究、分析和提供咨询这三个领域之中，无论是在英国本土还是在欧洲，或是在国际，UK NARIC 都致力于支持建立一个国际性的职业技术认证体系，这是比较难以完成的任务，但是，UK NARIC 正在朝这个方向进步。其正在积极扩大国际化布局，UK

NARIC 已成为世界上最大的职业认证组织，并且在进行快速的国际扩张。UK NARIC 用所拥有的经验和能力设置了一些标准和工作流程。针对不同的国家所需要的不同认证，在不同的国家设置了不同的认证标准。

第二部分：英国本土世界级的高教体制。

英国高等教育的优势有两个方面：第一是层次上的跨越，第二是认证体系上的统一。

英国高等教育提供了各种各样的课程与资格认证，包括一级学位、高等教育文凭（HND）以及基础学位三个大的类别，在这三个类别当中，在高校体系当中，有不同的机构，有高校、有学院，还有一些专业性的机构，如艺术学校和农业大学等。这是英国高等教育大体的框架。

在此之下有一个词叫"跨界"，英国在不同的学术和非学术的教育中有很强的跨界融合，要进一步地学习和继续学习，在高等教育完成之后包括方方面面的教育，叫作 FE（Further Education），包括英文、数学，包括国家级 A 级这样的等级，包括更高级的国家教育。职业教育在英国也有不同的机构提供服务，包括 FE，包括未来教育和高等学院，尤其是现代的学校，一批应用型的大学，还有 1992 年之后命名的高校，这些都是应用型和理工类的院校，还有艺术和理工类院校，等等，他们有本科教育的资质。很重要的一点，还有私人的教育机构，他们提供不同的技术和应用教育服务。

产教融合也是英国高等教育的特点，包括在课程设置和学科的认证方面遵循一个原则，就是和业界进行合作和协调，包括通过和产业界联系，建立紧密的合作关系。还有特定的领导机构，或者领导组织来推动产业的联系，包括创业产业技能打造等部门，除此之外还有一些专业性的机构和产业界的培训委员会和协会，等等，对一些学位相关的教育课程提供额外的认证和鉴定课程，包括 RIBA，对于一些建筑学位，会有 RIBA 专业认证体系，这也表明了产业界和高校之间的合作是非常紧密的。

另外，还有国家资格框架（National Qualification Frameworks，NQF）体系，在不同的区域，如在北爱尔兰区域、苏格兰区域、威尔士区域，以及在国家政府区域等拥有不同的认证，最后形成统一的全英国认证的框架体系。[30]

4.1.5 中国发展

1. 中国成就

作为世界首屈一指的学历学位评估认证机构，UK NARIC 在中国已运营多年，取得了丰硕的成果：

（1）中英官方《学历互认协议》的起草者；

（2）为亚欧教育部长会议（Asia – Europe ASEM）框架下的亚洲学历信息网络项目（ANICS）作出重要贡献；

（3）与中国政府成功合作了第一个英国繁荣基金教育项目；

（4）开发升级了旅游、酒店管理以及文化创意产业领域的中国国家学历资格框架及标准；

（5）与中国教育国际交流协会（CEAIE）、教育部学校规划发展中心（CSDP）、中国职业技术教育学会等机构合作，为中英合作办学及项目提供支持，为中国院校引入欧洲丰富的教育技术和人才资源。

UK NARIC 为推进中国院校与英国以及其他国家之间的全方位的教育交流与合作，增进中国院校对全球学历文凭和国际职业技能的了解，帮助职业院校在专业标准化建设上提升专业建设质量，获得国际认可，UK NARIC 在 2019 年提出"高等职业教育领域国际专业标准评估认证计划"，在评估认证后，能够将专业进行对外输出。在提升院校国际影响力的同时，满足院校深度国际合作交流的需求。

UK NARIC 将与院校共同打造中国职业教育国际品牌，配合院校开发国际通用的专业标准和课程体系并满足院校深层次国际化合作与交流的需求，通过 UK NARIC 国际专业评估认证计划，院校获得国际专业评估认证和授牌，提高院校专业国际影响力和国际通用专业标准输出。立足中国，放眼世界，作出"中国特色，世界标准"，推向世界，打造具有中国特色的国际专业标准和课程体系。

2. 评估认证后，中方院校享有的优势

（1）参与制定职业教育国际标准；

（2）协助院校对接国际成果导向的职业标准的开发；

（3）与国外院校开展学分互认和专业共建对接工作，取得世界同类院校对本院校国际专业标准的认可，搭建双方学分互认的立交桥，为学生提供国际学分融通和学历提升的机会，深化本专业国际水平的建设成果；

（4）配合院校提高专业国际影响力和专业标准输出；

（5）协助院校将成果辐射行业内的其他职业院校以及"一带一路"国家的职业院校；

（6）协助院校引入优质国际教育资源；

（7）举办国际性赛事/赛项。

4.2　自评报告体系

接受 UK NARIC 学历学位评估认证的院校首先要提交一份"自评报告"（Self - Evaluation Document，SED），概述参评学历学位的核心内容，并说明 UK NARIC 的五项国际质量标准的达成程度。

参评院校应采用以下方法撰写和构建"自评报告"：

首先，自评报告应简要介绍院校背景，包括办学历史、国内排名、办学使命、办学规模等，内容不超过一页。

学校简介之后，"自评报告"应包含两部分。第一部分应简要介绍本校参评学历学位的核心内容（如入学要求、课程设置、考核办法、学习成果），引用佐证材料。第二部分对应五项标准中的每一项标准，说明本校的达标程度，并引用相关支撑材料。

"自评报告"SED 结构，如图 4 - 4 所示。

```
Ⅰ.院校简介
Ⅱ.学历学位的核心内容（7个）
·入学要求
·修业年限
·结构与内容
·学习成果
·教学模式
·考核方法
·相关成果
Ⅲ.五项质量标准（5个）
·招生录取
·专业设置、备案审批、监督审查
·教与学
·考核
·信息
```

图 4 – 4 "自评报告"结构

在"自评报告"SED 中，学院将总结出主要的信息点，并与详细显示该信息的文件链接在一起。"自评报告"SED 为中方院校提供了一个可以在一份摘要性文件中来解释您是如何达到"国际完全任务标准"的机会。这是学院在为了证明自己而"提出您的论点"，或"为您的论点辩论"。"自评报告"SED 相当于一种"主文件"，它将引用所有提供给 UK NARIC 的文件。

4.3 认 证 流 程

4.3.1 认证五阶段

参评院校与 UK NARIC 签署协议启动学历学位评估认证后，UK NARIC 将指派一名评估认证专员作为整个评估认证工作的第一联系人。

首次简报通常会在双方签署学历学位评估认证协议后两周内，以视频或电话会议的方式远程进行，具体时间由参评院校决定。除院校协调员以外，拟开展学历学位评估认证的主要工作人员也要参加首次简报会。

首次简报会主要是由 UK NARIC 向参评院校介绍和解释学历学位评估认证过程的每个阶段，同时回答参评院校可能提出的任何问题。在这一阶段，双方将商定整个评估认证过程的时间表，确定（第一阶段）提交参评资料的日期，以方便 UK NARIC 评估认证小组启动（第二阶段）案头分析工作，以及暂定复审访问的日期。

UK NARIC 学历学位评估认证过程包含五个阶段，如图 4 - 5 所示。

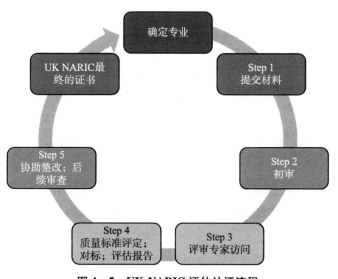

图 4 - 5　UK NARIC 评估认证流程

第一阶段：提交材料。

UK NARIC 需要您提供一系列的资料信息来帮助他们对中方课程进行分析和评估。

这些信息应该显示中方院校在课程中教授给学生的知识、技能和理解的水平；以及学生所真正实现和达到的知识、技能和理解水平，这些都可以通过他们所做的测验和考试得到证明。

UK NARIC 也需要看到对中方院校课程有影响的并能支撑中方院校课程的相关政策和系统的证据。这方面的例子有：

- 有关中方院校的院校或课程的招生政策；
- 有关中方院校课程质量管理的体系；
- 教师培训和发展的政策和程序；
- 学生考试、测试和考核的规章制度；
- 确保学生测验和考试的评分和分级的一致性和公平性的体系和程序。

UK NARIC 所要求的资料通常包括以下几个方面：招生录取政策与实际做法、资历设计和课程、学与教的方法、考核政策与实际做法、公共信息管理等。

具体包括三个部分，自评报告、佐证材料清单和佐证材料文件包。其中自评报告是主体文件，包括 1 个院校介绍＋系部介绍，7 个学历学位的核心内容，5 个 UK NARIC 国际质量标准。

首次简报会后，参评院校有 4 周的时间提交所需的资料，通知启动评估认证工作。参评资料应以英文提交，并附上中文版本。

第二阶段：案头分析（初审）。

UK NARIC 收到全部完整的信息文件后，评估认证团队将开始对提交的文件进行分析评估。评估的时间大约需要 8 周。评估阶段，如果需要，评估团队可能会要求提供更多的信息文件。

案头分析结束后，评估认证小组将确定复审访问期间（第三阶段）的主要调查方向并商定复审访问方案，包括需要召集的会议及评估认证小组可能要约见的人员。

在此阶段，评估认证专员将与院校协调员联系，商议复审访问期间的后勤保障安排，确认复审访问的日期及时长。

第三阶段：复审访问（专家访问）。

文件评估分析结束后，正常情况下，评估团队经理会与机构沟通以确定评审专家到校访问的具体时间，并商定评审访问的计划、流程以及相关的文件准备和需要安排的会议。疫情期间，一般会采取"在线/云"

访问的方式。

　　评审到校访问通常在评估分析结束后的 4～8 周内安排进行。评审访问的时间需要 2～3 天。具体的时间还需要根据评估报告来确定，很可能时间会长一点。

　　评审到访的会议安排将需要一系列相关的人员参与，比如项目的负责人、院系的负责人、院系的质量监督组成员、招生部门人员、学生、教师等。评审访问有助于探究在评估分析后发现的需要重点考察的核心区域。

　　复审访问旨在探究案头分析（初审）发现的突出问题以及初审后确定的调查方向，并对佐证材料进行再次核实，以达到合理有效的评估认证。

　　复审访问需要会谈诸多利益相关者，这些会议通常包括：

　　● 与高级管理人员举行战略层面的会议；

　　● 与任课教师代表、负责质量保障的人员及相关辅助人员举行业务层面的会议；

　　● 与学生代表举行的会议；

　　● 可能的话，还需要与雇主、行业及毕业生代表等相关当事人举行的会议。

　　第四阶段：出具评估报告，颁发认证证书。

　　评审专家实地或"云"访问结束后，评估组将对评估认证的发现结果进行评估，并且起草评估认证的报告。报告将提供针对所选择的评估认证的专业资历与可比的资历对标后所得出的包含相应证据的合理评估，包括：在英国教育系统背景下对可比的资历水平的正式评估与核心组成部分有关的改进建议，如：专业设计、课程设置、教学方法、考核方法报告和相关调查结论将在审查访问后 8～12 周内提供。其间，机构将有机会纠正审核中发现的错误。

　　第五阶段：后续审查。

　　根据建议的性质，评估组将为该机构提供后续审查的时间表。收到最终报告后，评估组将会指示院校来进行随后的修改文件的提交以及通知后续审核的时间。后续审查的职能是评估是否根据评估报告中提出的建议做了改进。后续审查可能在报告发表后 3～12 个月内进行。

最后出具 UK NARIC 最终的证书。

每个客户都会收到：

（1）全面的评估认证报告（大概 40 多页），它包括方法、分析、可比性（如适用）和改进建议。

（2）执行摘要报告可对外发布（根据客户需求，在国际上发布课程的评估认证结果）。

（3）参与证书。参与证书表明院校该课程参与了 UK NARIC 的评估认证项目，与是否通过该项目无关。

客户还可以选择：执行摘要是否在 UK NARIC 网站会员专区公布或在伦敦举行的 UK NARIC 年会上展示或展示其资格。

UK NARIC 最终证书包括两部分内容：对标声明和国际标准声明。后续审查合格后（或无须整改），将颁发最终证书，包含可比性水平的对标声明，或新级别的可比性水平的对标声明及达到国际质量标准的国际标准声明。

对标声明：可比性水平的对标声明，表明该课程与目标国家资历框架的可比性水平。

国际质量标准声明：表明该课程达到国际质量标准。

4.3.2　组织搭建

针对评估认证工作，UK NARIC 需要院校选择一个主要对接人进行后续评估认证的对接工作，这个人需要能使用英文进行邮件的沟通（中国办公室会一直协助）。针对多个专业，可选择一个负责人。主对接的老师对接 UK NARIC 评估组。评估组会指定一个评估专员和学院主对接人对接（见图 4-6）。

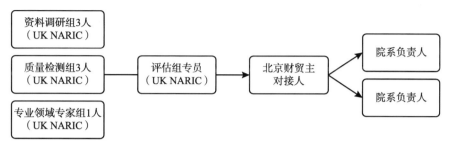

图 4 - 6 认证组织架构

4.3.3 材料提交

初审所需要提交的主要文件（中英文）包括：

（1）学校简介。包含：基本信息（建校日期、所属地区、主要荣誉、发展历程等）、二级学院介绍等。

（2）专业介绍。包含：

①学历手册或课程手册或类似的课程介绍手册，手册里需包括课程内容和学习成果；

②评分/考试任务和/或评分考核介绍和/或试卷；

③相关的评分方案和指南，和/或评分考核标准，和/或"评估准则"或将学习成果或考核标准映射到学分的描述；

④质量保证手册或类似文件，包含课程开发和评审过程的信息，以确保各学科设计和学术水平的一致性；评估设计和管理（包括现有的安全措施）；以及评分和审核过程；

⑤与专业机构和/或机构签订的任何认证和/或衔接课程协议相关的文件；

⑥与行业企业参与学历资格/课程/学科领域有关的文件；和/或与工作安排或工作经验安排有关的文件；

⑦与课程/学科领域资源配置相关的文件——师资水平；技术人员；图书馆和信息技术资源；教室和教学/学习空间；任何额外的导师支持安排（如学习困难、英语或学习技能）；学科领域的任何专业资源（如科学

实验室；视频编辑或数字媒体的高端 IT 软件和设备）；以及任何设备采购计划或设备替换政策。

建议：可根据中方院校的人才培养方案对材料进行筛选提交。

4.4　UK NARIC 认证核心要素

4.4.1　学历学位的核心内容

评估认证小组将重点分析下列关键领域，即学历学位的"核心内容"（见图 4 - 7）：

图 4 - 7　资历的核心组成部分

1. 入学要求

学历学位评估认证将入学要求作为通用指标，因为这些要求显示了入读专业初期学生的一般水平。

2. 修业年限

在对学历学位进行评估认证时，修业年限也是一个考虑因素。

修业年限虽然不是衡量学术水平的首要指标，但是连同入学要求一起考虑，仍可显示出该专业规定学制内学生可完成的学习量。

3. 结构与内容

综合考虑学历学位的整体（课程）结构、取得该学历学位的通道与路径（如适用）以及相对于选定的参考点学习内容的广度和深度，有助于确立该学历学位的总体可比性。

4. 学习成果

UK NARIC 采用基于成果的评估认证方法，重点是学习成果的可比性。

"学习成果"用来表示学生顺利完成该学历学位的相关学习后应具备的关键知识、技巧和（职能性）能力。

5. 教学模式

考虑该学历学位的授课模式，有助于增强对该学历学位的理解，有助于确定评估认证教育体系中合适的参考点。

6. 考核方法

对考核方法的审查聚焦总结性评价，旨在识别用于测试学生的方法，这些方法是校内制定的还是校外制定的，以及这些方法对取得整个学历学位的贡献是什么。

7. 相关成果

本术语指该学历学位所包含的任何学术权利（如升学深造）或专业权利（如就业途径）。

4.4.2 UK NARIC 国际质量标准

评估认证还必须考虑对学历学位证书开发、授课与考核起监督和支持作用的质量保障与控制机制。为此，UK NARIC 制定了一套包含五项内容的质量标准，如图 4-8 所示，作为应用国际学历学位评估认证转换机制——UK NARIC 等级框架的基础。

招生录取：有预先确定并公布的招生录取政策，确保政策的透明度足以支持招生录取决策的公平和一致性。	
专业设置、备案审批、监督审查：有明文规定的现行专业设置流程、学历学位及专业审批程序、监督审查程序，确保实现既定办学目标。	国际质量标准
教与学：根据所采用的学习方式，有正式的流程来监测教学质量和教学效果。	
考核：对学习成果中列明的知识、技能和能力进行公正、有效、可靠的评价，并于目标等级一致。	
信息：向未来学生、在校生和其他感兴趣的利益相关者提供准确、透明、清晰的信息。	

图 4-8　国际质量保障标准

1. 招生录取

有预先确定并公布的招生录取政策，确保政策的透明度足以支持招生录取决策的公平和一致性。

2. 专业设置、备案审批、监督审查

有明文规定的现行专业设计流程、学历学位及专业审批程序、监督审查程序，确保既定办学目标的实现。

3. 教与学

根据所采用的学习方式，有正式的流程来监测教学质量和教学效果。

4. 考核

对学习成果中列明的知识、技巧和能力进行公正、有效、可靠的评价，并与 UK NARIC 等级框架中的目标水平相一致。

5. 信息

向未来的学生、在校学生和其他感兴趣的利益相关者提供准确、透明、清晰的信息。

为了获得国际标准证书，必须满足所有质量标准。

4.4.3　佐证材料指南

"自评报告"包含的内容都需要佐证材料。院校简介，学历学位的核心内容，需要引用佐证材料。对应五项标准中的每一项标准，同样需要引用相关支撑材料。

1. 引用佐证材料

至关重要的是，"自评报告"应引用概述学历学位的核心内容的证据，证实五项标准达成度的自我评价。为便于分析"自评报告"，参评院校须确保：

（1）所有佐证文件都有明确的标签和编号；

（2）"自评报告"在文本的相应位置清晰地引用佐证文件，且每份佐证文件都使用一致的标签和编号系统（如提供长文件的页码或段落编号以及会议记录的日期）；

（3）在"自评报告"及佐证材料中使用一致的术语和文件名；

（4）每项佐证材料单独设置一个文档，请勿将所有材料整合到一个文件中；

（5）以三位数的线性顺序从 001 开始为文档编号；

（6）以扁平化结构提交佐证材料（即所有文件放在一个文件夹中，不设置子文件夹或压缩文件），为各文档设置编号；

（7）文件名设置得越短越好。

注意：撰写自我评估文件时，尽可能将"自评报告"初稿分发给校内外的利益相关者审阅。这有助于确保院校自我评估的客观性，有助于院校提交全面的证据，并使同事了解并参与到审查和改进工作中来。

为使"自评报告"便于导航浏览，每个段落应在整个文件中按顺序编号（即不要为每一部分重新设置段落编号）。

2. 典型的佐证材料

为方便评估认证小组分析学历学位的核心内容及质量保证标准，在提交典型佐证材料时，下述文件仅供参评院校参考，但不是 UK NARIC 指定的全部内容。

分析学历学位的核心内容所需的关键文件：

（1）专业手册或类似文件，清楚说明入学要求、修业年限、教学模式、专业内容与结构以及学习成果（如果有，包括不同资历中心之间可能存在的任何已知差异）；

（2）对学历学位证书进行考核的文件副本，包括匿名的学生试卷及项目文件，适用于笔试、口试及过程性考核的考核及评分准则；

（3）向修完专业学生发放的匿名毕业证书及成绩单样本（如适用）。

参评院校满足五项质量标准的佐证材料：

（1）招生录取。

- 招生录取政策；
- 表明招生录取政策得到公正执行及定期审查的佐证材料；
- 了解参评院校招生录取实际做法的其他相关文件。

（2）专业设置、备案审批、监督审查。

- 设置新专业的审批政策与程序；
- 专业年度审核或定期复审的政策与程序；
- 专业复审工作计划及复审结果的佐证材料；
- 有助于了解参评院校专业设置、监督审查办法的其他相关文件。

（3）教与学。

- 教职工招聘政策和程序；
- 教职工经验和资格；
- 教职工考核政策和程序；
- 教职工继续教育与专业发展计划；
- 学生表现和学习成果分析；
- 学生反馈意见；
- 教职工反馈意见；
- 专业教学具备充足资源的佐证材料；
- 现有主要教学资源的清单，如图书馆、信息技术、教学技术、技术装备等；
- 确保资源规划与总体战略相匹配的程序；
- 有助于了解参评院校教学方法的其他相关文件。

（4）考核。

- 考核办法；
- 考核通知文件；
- 有助于了解参评院校考核实践的其他相关文件。

（5）信息。

- 开发与监测公共信息的政策；
- 学生手册；
- 专业手册；
- 专业宣传页；
- 学校简介；
- 市场推广材料；
- 了解参评院校公共信息的其他相关文件。

4.5 UK NARIC 认证策略

4.5.1 科学制定学习成果

学习成果分为两个层次，分别是专业学习成果（professional learning outcomes，PLO）和课程学习成果（learning outcomes，LO）。专业学习成果（PLO）基于专业层面，是对于知识、能力和素养的宏观要求和高度概括，还需要细化为具有可测量的、具体的、可行的课程学习成果（LO），能够反映和评价培养学生的具体能力。在中国，与学习成果类似的内容被称为"学习目标"或"培养规格"。二者大体相同，略有区别。

4.5.2 结合学习成果设计评估与考核方案

在 UK NARIC 国际认证中，考核旨在适当地、充分地展现学习成果，衡量学生针对学习成果的表现。与学习成果的关系是：相应的考核需要与学习成果匹配，考核本门课程对应的成果指标是否实现。并且考核方案力求简洁、有效。二者的逻辑是：保持一致，相互印证。

4.5.3 有效收集证据资料

UK NARIC 认证需要提供各种佐证资料，并与教学目标相比较，分析与教学目标存在的差距，寻找原因，提出整改方案。

4.5.4 建立内部质量保障机制

UK NARIC 认证要重点关注被评专业是如何基于内部评价机制"证明

要求的达成"，而非关注"列举标志性成果"。

4.5.5　形成闭环机制

将问题与整改方案归纳、汇总、审核，最终形成预案及整改报告，并指导下一步教学工作，进而实现动态循环式的持续改进与学习质量提升。[31]

第 **5** 章
UK NARIC 国际认证实证研究

2020 年 7 月，北京财贸职业学院智慧财经专业启动"高等职业教育领域国际学历学位评估认证计划"。智慧财经专业群在英方专家的指导下，完成了学历学位的核心内容（core contents of education and qualification）和五项质量标准（quality standards）评估认证。2021 年 12 月，学校会计专业获得 UK NARIC 国际质量标准认证，成为中国双高校第一所获得全球权威机构英国规范资历框架 RQF 和欧洲资历框架 EQF5 级资质的学校和专业。

5.1 自评报告准备阶段

5.1.1 剖析自评报告 SED

院校需要严格按照 UK NARIC 的格式要求撰写自评报告 SED。自评报告分为 3 个部分（3 parts）：院校简介（introduction）；学历学位的核心内容（core contents of education and qualification）；五项质量标准（quality standards）。

进一步分析，报告又可以细分为 13 个模块（13 modules）：

1 个院校介绍＋系部介绍（1 college introduction + department introduction）；

7 个学历学位的核心内容（7 core contents of education and qualifica-

tion）；

5 个 UK NARIC 国际质量标准（5 UK NARIC international quality stand-ards）。

5.1.2　自评报告 SED 撰写策略

关于院校简介，实际是 1 个院校介绍 + 1 个系部介绍（1 college intro-duction + 1 department introduction）。院校介绍要重点介绍学校背景，包括办学历史、国内排名、办学使命、办学规模等。系部介绍要重点介绍师资队伍（teaching staff）、专业设置（major setup）、实训基地（practical training base）、校企合作（school-enterprise cooperation）、教研成果（teaching and research achievements）、人才培养（talent cultivation）。院校简介尽量言简意赅，重点突出。

学历学位的核心内容是自评报告的关键所在，可以细分为 7 大核心，分别是：（1）入学要求（admission requirements）。显示出入读专业初期学生的一般水平。表明了专业课程开始时学生的典型水平。（2）修业年限（length of schooling）。显示出该专业规定学制内学生可完成的学习量。（3）结构与内容（structure and contents）。显示学习内容的广度和深度。（4）学习成果（learning outcome）。显示学生顺利完成该学历学位的相关学习后应具备的关键知识、技巧和（职能性）能力。（5）教学模式（teaching mode）。增强对该学历学位的理解。（6）考核方法（assessment method）。旨在识别用于测试学生的方法，以及这些方法对取得整个学历学位的贡献。（7）相关成果（relevant results）。任何学术权利（如升学深造）或专业权利（如就业途径）。学历学位的核心内容撰写，需要对资料进行充分的归纳提炼提升，切记不能以文字简单堆砌，一定要做到言简意赅，特色鲜明，逻辑合理。

五项质量标准（5 quality standards），说明本校的达标程度，重点介绍和解读学校的各项政策、制度和文件。

质量标准细分为五项：（1）招生录取（enrollment and admission）。有

预先确定并公布的招生录取政策，确保招录政策的透明度，保证招录决策公平、一致。（2）专业设置、备案审批、监督审查（major setup，filing and approval，supervision and review）。有清晰的有效文件规定专业设计流程、学历学位及专业审批程序、监督审查程序，确保既定办学目标的实现。（3）教与学（learning and teaching）。根据所采用的学习方式，有正式的流程来监测教学质量和教学效果。（4）考核（assessment）。对学习成果中列明的知识、技能和能力进行公正、有效、可靠的评价，并与 UK NARIC 等级框架中的目标水平相一致。（5）信息（information）。向未来的学生、在校学生和其他感兴趣的利益相关者提供准确、透明、清晰的信息。

5.1.3　佐证材料

自评报告需要有翔实的支撑材料，因此，佐证材料呈现至关重要。我们需要按照自评报告中文件出现顺序，一一罗列佐证材料。佐证材料类型包括文件、表格、图片等多种形式，然后需要给每个文件顺序编号，分别编制"佐证材料清单"，便于专家查阅，最后需要制作一个"佐证材料文件夹"，把所有文件完整资料囊括其中。

5.1.4　会计专业自评报告

按照工作进度，2020 年 9 月 30 日，我校会计专业完成自评报告并提交至 UK NARIC。我们提交了 95 页的中英文自评主体报告，176 个支撑材料清单，176 个支撑材料文件夹。主要内容概括如下：

1. 院校简介

（1）北京财贸职业学院介绍。

北京财贸职业学院（北京市财贸管理干部学院）创建于 1958 年，是北京市属公办普通高校，先后获评国家示范性高等职业院校、全国职业教育先进单位、全国毕业生就业典型经验高校、全国创新创业典型经验高校、教育部深化创新创业教育改革示范高校、黄炎培职业教育奖"优秀学校奖""亚太职业院校影响力 50 强"。2019 年，学校入选中国特色高水平高职学校（简称"双高校"）建设单位和北京市特色高水平职业院校（简称"特高校"）建设单位。

学校有校本部（通州）、东城、朝阳、涿州四个校区，总占地面积 446 亩；设有立信会计学院、金融学院、商学院、旅游与艺术学院、建筑工程管理学院、国际教育学院（国际交流中心）、马克思主义学院（素养教育部）、人文学院、继续教育学院（东城校区）、贯通基础教育学院（朝阳校区）、京冀创新教育学院（涿州校区）11 个二级学院和商业研究所、高职研究所 2 个研究机构。现有全日制在校生 6100 余人；教职工 630 余人，其中专任教师 367 名，具有中高级职称教师 161 人，享受国务院特殊津贴专家、"全国优秀教师"、"北京市优秀教师"等称号教师 50 余人；拥有北京市学术创新、管理创新和优秀教学团队 14 个。

学校累计培养全日制毕业生 6.45 万人，毕业生就业率连续十年超过 99%，用人单位对毕业生满意度超过 96%；完成职业培训 65 万人次，为首都服务业输送了大批领军人才和高技能人才。

学校精准对接北京市高端商务、商业、文化旅游业发展，开设财经、商贸、旅游、文化创意、建筑管理等领域的 27 个专业，其中智慧财经、现代商旅服务是中国特色高水平高职院校骨干专业（群），金融科技、智慧会计是北京市特色高水平骨干专业（群），连锁经营管理、物流管理和导游是国家级示范专业。学校主动适应产业转型升级，实施专业升级改造计划，开展专业核心竞争力评价，形成了专业动态调整机制。

学校注重产教融合、校企合作，是教育部首批现代学徒制试点单位，通过积极构建校企双元育人路径，创新实训实习与岗位标准"零距离对接"教学模式，与行业企业联合开发"上班式课程"、实施"研学结合"教学改革、开发建设"E"化课程。学校牵头成立了北京商贸职教集团，不断深化职业教育改革创新，先后与菜百、新道、永辉、恒天财富、慧科金融、金通民航、环境国旅等行业领军企业建立了企业冠名商学院，其中菜百商学院入选北京市特色高水平职业院校工程师学院建设名单。

学校是世界职业教育院校联盟（WFCP）理事单位，入选首批教育部"中美高端技能型、应用型人才联合培养百千万交流计划"。开办中外合作办学专业 15 年，与境外 30 所院校建立交流合作关系，与美国、英国等 10 所大学开展贯通培养试点外培专业标准对接。引进澳大利亚职业教育教师资格（TAEF）认证，76 名教师获得 TAEF 证书。设立"北财院—英国北安普顿大学海外学习中心"，牵头成立中英创新创业职教联盟（北京），学生在"国际青年创新创业技能大赛"总决赛获金奖。

（2）立信会计学院。

立信会计学院成立于 2005 年，前身为设立于 1985 年的北京财贸职业学院财税系和成立于 1987 年的立信会计职工大学。学院秉承立信创始人潘序伦先生"信以立志、信以守身、信以处事、信以待人、毋忘立信、当必有成"的育人理念和"学验并重"的教学模式。2014 年，学院获教育部等六部委授予的"全国职业教育先进单位"，2019 年，"智慧会计专业（群）"获批北京市特色高水平骨干专业（群）建设单位；"智慧财经专业群"获批中国特色高水平专业群建设项目。

①师资队伍：现有教职工 53 名，其中，领导班子 4 人，专任教师 40 人，辅导员 6 人，行政人员 3 人。副教授以上职称 21 人，讲师 20 人；具有博士学位的教师 3 人，硕士学位的教师 37 人。教师队伍中有北京市高校教学名师 1 人，北京市优秀教师 2 人，北京市长城学者 1 人，北京市高校中青年骨干教师 4 人，北京市高校青年拔尖人才 1 人，北京市高校青年英才 1 人，北京市职教名师 2 名，专业带头人 1 名；北京市专业创新团队 2 个。学院是"北京市高职会计专业联盟"的牵头单位，牵头组建了"京津冀会计职业教育协同发展中心"。

②专业设置：学院设有会计系、会计信息管理系、财务管理系及财税系，开设三年高职会计、会计（税务会计方向）、会计信息管理（财务大数据应用方向），七年贯通会计（注册会计师）、会计（管理会计师）、税务（税务师），以及中高职衔接（3＋2）会计等专业。

③实训基地：学院拥有优良的实践教学环境，现有专业实训室 10 个，其中财务共享体验中心和会计文化学习中心在全国率先建成，智慧会

计工厂将真实业务引入校园，实现真账实操。中央财政重点支持的产教融合共享型实训基地初步建成，智能财税社会共享服务中心、财务机器人应用中心、财务大数据应用中心实训室正在建设，引领会计专业升级转型。

④校企合作：学院注重产教融合，校企合作，与大华会计师事务所、用友集团旗下新道科技股份有限公司、中联集团、北京华财会计服务公司、东大正保科技股份有限公司等结成战略合作伙伴，共同开展人才培养、课程开发、实训基地建设、1＋X 证书标准研发等，新道科技股份有限公司还为学院捐助了"用友新道奖教金"和"用友新道奖学金"。

⑤教研成果：学院拥有和建成国家级精品课程 1 门、国家级精品资源共享课 1 门，国家级教学资源库 2 项；市级精品课程 1 门；北京市教学成果二等奖 2 项；主编"十二五"职业教育国家及规划教材 12 本，专著 4 本，市级精品教材 4 本；主持院级（含院级）以上课题 10 余项。北京市教学能力大赛获得一等奖 3 次，二等奖 2 次。

⑥人才培养：学院结合北京城市功能战略定位及城市副中心的产业发展需求，顺应会计从"核算型"到"管理型"的转变，将会计专业群与新产业、新业态及新技术进行跨界融合，与产业财经类岗位群形成映射关系，实现精准对接。实施专业动态调整，形成以会计专业为核心，由财务大数据应用、管理会计师、注册会计师、税务师等方向组成的智慧会计专业群。专业（群）培养理想信念坚定，具备良好人文素养和"有信仰、讲信用、守信义"职业素养，具有数据服务、管理提升、价值创造能力，拥有国际化视野的"精核算、通税法、善管理、长分析"的高素质、技术技能型会计人才。

学院目前在校生 1173 人。毕业生就业对口率 70％以上，用人单位满意度超过 90％，毕业生连续 10 年就业率均在 98％以上。为行业累计培养各类财经人才超 30 万人次。

2. 学历学位的核心内容

（1）入学要求。

学校招生对象为高中毕业生、高中同等学历学生。会计专业有自主招生、单考单招和统招三种招生录取渠道。专业的招生录取秉承公平、公正、公开原则。

自主招生入学面向已参加北京市 20××年高考报名的考生。我校会计专业的生源主要包括普通高级中学毕业、中等职业学校毕业或具备同等学历学生。学生需通过初试的筛选，而后参加面试。考试成绩（满分750 分）= 初试折算成绩（占30%）+ 面试成绩（占70%）。我校重视学生在高中和中职时的学业表现。如果他们在过去的学习经历中取得了突出的成绩，可以直接进入我校相关专业进行学习，免于考试。不符合免试条件的考生需要参加初试，初试考察的科目为：语文、数学、英语（俄语或其他外语）。面试时根据专业特点及要求，从"基本素质与能力"测试、"专业技能与潜质"测试、"人文素养与艺术"测试三方面考察学生的素质。

单考单招面向参加北京市 20××年单考单招报名的考生。按照北京教育考试院关于做好20××年北京市普通高等学校招生报名工作的通知要求，符合报名条件的考生在规定时间按规定程序到指定地点办理报名相关手续。学校对取得招生专业相应等级证书的考生进行认定，认定合格者可以免试专业课，认定时须提交证书原件及复印件。不符合免试条件的考生按照学校要求办理手续。

高职统招面向北京、河北等参加 20××年高考报名的考生。学生是参加全国普通高等学校统一考试的应届、往届普通高中毕业生，按照考生所在省、自治区、直辖市招生主管部门划定的录取分数线进行录取。录取原则为：实行平行志愿投档的省（自治区、直辖市）严格按照各省（自治区、直辖市）招生考试主管部门规定的方式进行录取，无规定的按照招生计划和考生志愿，从高分到低分择优录取。

（2）修业年限。

我校会计专业基本学制为 3 年，总学时为 2626 学时。在规定的时间内，学生需要完成的课程及学时数为：基础文化课程（思想道德与法律基础、体育与健康、大学英语、计算机文化基础等）864 学时（必修720学时，选修 144 学时）；职业领域课程1242 学时（必修1098 学时，选修

144 学时），其中，职业平台课 522 学时，职业核心能力课 576 学时，职业拓展课 144 学时；实践创新课 520 学时。

（3）结构与内容。

会计专业整体课程结构，分为基础文化课、职业领域课与实践创新课三部分，如图 5 - 1 所示。

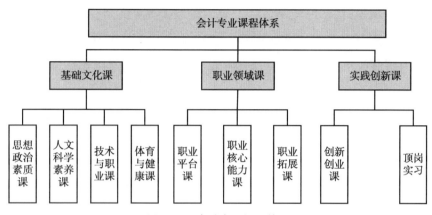

图 5 - 1　会计专业课程体系

会计专业的教学学时分配如表 5 - 1 所示。

表 5 - 1　　　　　　　　会计专业教学学时分配

序号	课程类别	学时					占比（％）
		理论	实践	合计	必修	选修	
1	基础文化课	594	270	864	720	144	32.90
2	职业领域课	618	624	1242	1098	144	47.30
3	实践创新课	0	520	520	520	0	19.80
合计	学时	1212	1414	2626	2338	288	100
	学分	67	78	145	129	16	
	占比（％）	46.15	53.85	100.00	89.03	10.97	

会计专业课程体系设计的特色在于通过素养培育与技术培育的实现

过程，完成职业发展能力的培养。素养能力的培养通过公共基础课程、会计职业显性素养课程（立信会计文化和会计职业道德）和隐性素养课程（课程思政），实现职业素养的培养。为了更好地实现智能会计时代对于会计人员的技术要求，近年我校会计专业修改了人才培养方案，主要增加智能会计数据采集与应用、财务建模与可视化、财务共享业务处理、财务机器人应用与开发、某类证书模块课等课程，这些课程可以培养学生数字时代对数据的采集、组织和管理、处理和分析，共享与协同创新利用等方面的"数据素养，熟悉新技术在共享财务模式下的应用，培养学生的业务设计能力、流程规划能力、项目组织能力、IT 思维和跨部门沟通能力"。课程体系的技术路径通过显性技术课程（财务机器人应用与开发、财务建模与可视化和智能会计数据采集与应用）和隐性技术课程实现。隐性技术课程将智能技术与传统会计课程融合，以会计业务场景为载体，以技术实现为手段，实现"会计业务 + 智能技术"的课程体系设计。

（4）学习成果。

根据学校"面向首都服务业、培养基层领班人"的要求，会计专业坚持"有爱心、讲诚信、负责任、能财会商"人才培养特色，面向出纳、会计、财务管理、审计助理等基层会计、审计相关岗位，最终将学生培养为适应会计及相关岗位工作要求，"不做假账、不做错账"，熟悉会计准则和单位会计制度、精核算、通税法、擅理财、长分析的高素质、技能型、基层管理会计人才。我校会计专业学生在经过三年的学习后掌握了完整的财经领域的知识储备，拥有较强的专业能力和方法能力，并具备良好的职业素养。

（5）教学模式。

会计专业整体课程结构，分为基础文化课程、职业领域课程与实践创新课程三部分。其中基础文化课程和绝大部分职业领域课程以传统教学模式为主；剩余部分的职业领域课程以实训教学模式为主；实践创新课程以实习教学模式为主。

①传统教学模式。我校会计专业的基础文化课程和大部分职业领域

课程以传统教学模式为主。因为基础文化课程和大部分职业领域课程的内容以理论知识为主，所以在传统的教学课堂上，我校教师可以高效地为学生打牢基础学科及会计学科的理论基础。在传统授课模式中教师在课上讲课的时间约占总课时的70%，学生在课上讨论的时间约占总课时的15%，学生在课上回答问题的时间约占总课时的15%。另外，在传统教学模式下，教师会布置课后作业或小型论文来考核评价学生的学习效果。

②实训教学模式。我校会计专业的实训课主要包括"Excel 在会计中的应用""财务软件应用""会计岗位综合实训"等课程。实训课程是以培养学生思想品德、会计综合职业素养和职业能力为宗旨，综合运用会计专项技能和信息技术方法，在企业会计环境中，按照会计职业岗位分工、会计工作流程和各类业务流程，进行企业经济业务的会计处理。本课程在会计专业理论课程和专项技能训练之后开设，为企业顶岗实习和从事实际会计工作奠定基础。实训课程以教师讲解和学生操作共同完成，其中教师在课上讲课的时间约占总课时的50%，学生在课上操作的时间约占总课时的50%，我校配备多个实训教室，教师在学生操作时会随堂为学生指导和讲解。

③实习教学模式。因为会计学科的自身特点，除必要的会计理论知识学习外，学生在走向正式的工作岗位前有必要积累一定量的实际工作经验，以确保在传统教学模式下学习的会计理论知识可以熟练地掌握。因此，我校会安排会计专业学生赴企业实习，实习企业包括大华会计师事务所、首创科技公司和北京首创集团等。实习岗位包括出纳、往来会计、成本会计、税务会计、总账会计、审计助理、税务助理等。每位学生配备3位指导教师，分别是企业指导教师、校内专业教师、校内德育教师（辅导员）。三位导师会在实习过程中从企业、学校两重角度为学生指导实习工作。在实习过程中学生可以从干中学，也可以从学中干，能够熟练地将会计准则、税法、财务报表分析等理论知识运用到实际工作中。在实习教学模式下，我校会计专业的学生可以将理论与实践相结合，更好地理解所学的会计理论知识，培养较强的职场工作能力，并树立良好的职业素养和职业操守。

（6）考核方法。

我校会计专业的课程考核主要包含结果性考核和过程性考核，其中结果性考核主要包括期末考试、论文等考核方式；过程性考核主要包括出勤情况、课堂参与度情况、教师评定及实习企业评定等考核方式。

传统课程的考核一般是由期末考试、课上出勤、课上参与度及课后作业所作出的综合评定。为确保课程考核的公平性与严谨性，我校会计专业课程教师在首堂课上会和学生明确说明该课程的考核方法，期末考试、课上出勤、课上参与度及课后作业等在考核中所占比重分别为多少，使学生做到心中有数。

较传统课程相比，实训课程更加注重过程性考核，这也体现了我校会计专业在人才培养方面更加注重学生的实际操作能力，这种考核方式符合现阶段企业的用工需求，是我校学生毕业后成功就业的有力保障。

顶岗实习的考核由三部分构成，包括校内专业和企业指导教师评价、校内德育教师评价以及学生自评。其中校内专业和企业指导教师评价中，企业认知考试成绩占5%，校内专业指导教师评价占35%，企业指导教师评价占60%。

（7）相关成果。

学术方面，会计专业毕业要求学生在规定年限内，完成人才培养方案所规定课程的学习和实践环节，修满2626学时，145学分，获得财贸素养证书，素质、知识、能力达到本专业人才培养目标和培养规划的要求。15%的学生可参加北京市专升本考试，升入北京联合大学继续学业。每学年，5%的学生可获得财贸综合一等奖学金，8%的学生可获得财贸综合二等奖学金，10%的学生可获得财贸综合三等奖学金。学生可考取职业技能等级证书、社会认可度高的行业（企业）资格证书，例如初级会计资格。会计专业与多所境外学校会计专业签订合作办学协议，双方实现课程对接，学分互认，学生毕业后直接升入国外大学继续深造本科学业，实现专业无缝对接。

就业方面，学生有多种就业途径，可在银行、各类企业、机关事业单位、会计师事务所等机构就业，岗位主要是会计、出纳、结算专员、柜员等。

校企合作方面，立信会计学院探索实施校企合作共同育人途径，建立校内外实训基地。立信会计学院与北京华财会计股份有限公司达成战略合作，与北京华财会计股份有限公司合作建立人才培养基地"华财智慧型会计工厂"，与新道科技股份有限公司开设"立信会计学院·新道科技财务实战特训营"。

技能大赛方面，立信会计学院结合专业技能大赛，以赛促学、以赛促教、以赛促训，打造高素质技能大赛指导团队，提炼出一套科学的技能大赛训练方法，提升了专业教学水平，增强了学生职业技能和职业素养。

3. 五项质量标准

（1）招生录取。

为确保招生工作公平公正公开，落实"阳光工程"，学校成立招生工作领导小组，由学校主要负责人和相关职能部门负责人组成，落实招生录取重大事项集体决策。招生工作领导小组全面负责贯彻执行教育部和省级教育招生主管部门的相关政策，研究制定学校招生工作实施细则，审定学校招生计划和招生章程，研究其他有关招生录取重大事项，有关招生录取的重大事项须经学校党委会（常委会）审议通过后执行。招生工作领导小组下设办公室（设在招生办公室），负责具体实施招生工作领导小组作出的决议。

学校各类型招生章程、招生计划、实施细则等经学校招生工作领导小组审定后，报省级教育招生主管部门审核通过后，依据招生信息"十公开"的原则，在省级教育招生主管部门规定的官方平台及学校招生信息网发布，确保招生录取政策公开。

招生录取过程严格按照招生章程执行，纪检监察部门对招生录取进行全过程监督，并公布监督电话，接受社会监督。招生工作人员严格遵守国家规定的高校招生"六不准""十禁令""30 个不得"等招生工作禁令，录取前签订保密承诺书、录取工作安全承诺书等，录取过程严格规范，确保公平公正。录取结果须经省级教育招生主管部门审核，审核通过办理正式录取手续完成录取，并在省教育考试院网站及学校招生信息网发布。

（2）专业设置、备案审批、监督审查。

专业设置方面，学院设置二级的专业领导与组织机构，校级专业建设与教学指导委员会作为领导机构，负责专业设置与调整工作的整体统筹布局、协调推进，重在发挥其审议、决策、指导与咨询作用；院级专业建设与教学指导委员会，负责对本学院专业设置、评估、调整等工作开展论证及审议。专业设置与调整工作具体由教务处、发展规划处、招生办公室、教学督导与评价中心、教师工作部、人事处等部门多方协同开展。各二级学院是专业设置与调整工作的主体。

专业设置的备案审批程序遵循以下六个基本程序：

①教务处、发展规划处联合发布通知。

②二级学院开展专业调研，组织新专业、拟招生专业申报，组织院级专业建设与教学指导委员会进行论证。

③教务处审核材料并组织校级专业建设与教学指导委员会评审。

④学校党委会和校长办公会审批。

⑤专业备案和申报。

⑥教育部批复公布。

专业设置的监督审查方面，学校专业设置实施院、校、市、国家四级审查、学校两会审批。院级专业建设与教学指导委员会负责本学院专业设置资料论证和审查，合格后提交教务处，由教务处组织校级专业建设与教学指导委员会开展论证和审查并形成结论提交校长办公会和党委会进行审批。审批通过后填报全国职业院校专业设置管理与公共信息服务平台，由北京市教委审批，国控专业需提交教育部审批。

人才培养方案制定方面，领导与组织机构分工如下：

①校级专业建设与教学指导委员会，作为领导机构，负责本校人才培养方案的审核。

②院级专业建设与教学指导委员会，负责对本学院人才培养方案开展论证及审议。

③人才培养方案制定的具体工作由教务处（实训管理中心）牵头，

教学督导与评价中心、教师工作部、人事处、校企合作办公室等部门协同开展。

（3）教与学。

①师资条件。师资队伍结构合理，专任教师队伍根据职称、年龄等因素，形成合理的队伍结构。专任教师具有会计相关专业本科及以上学历；有扎实的本专业相关理论功底和实践能力；具有较强的信息化教学能力，能够开展课程教学改革和科学研究；每 5 年累计不少于 6 个月的企业实践经历。专业带头人具有副高及以上职称，能够较好地把握国内外行业、专业发展，能广泛联系行业企业，了解行业企业对本专业人才的需求实际，课程体系设计、专业研究能力强，组织开展教科研工作能力强，在本区域或领域具有一定的专业影响力。兼职教师具有扎实的专业知识和丰富的实际工作经验，具有会计师及以上职称，能承担专业课程教学、实习实训指导和学生职业发展规划指导等教学任务。

②教师招聘。为加强学校师资队伍建设，我校有严格的教师招聘制度。学校根据北京市人力资源和社会保障局确定的岗位总量和核定的职称结构比例，根据学校发展需要，科学合理地设置教师专业技术职务岗位，按照教师的工作属性和岗位职责确定相应的聘任条件，组织开展专业技术职务聘任工作。

③教学质量督导与评价。学校设有专门的教学质量监督与评价机构——教学督导与评价中心，负责教学质量监控、评价、保障体系建设与研究工作，负责学校教育教学工作诊断与改进工作质量。学校实行校院两级督导。学校制定教学质量监督与评价的相关制度，包括教师教学管理制度、师生课堂行为规范、课堂教学监督与评价制度、教学质量奖惩制度。教学质量监督的程序与做法是学校通过设置教学检查、听课、督导、学生评教、学生教学信息员反馈、学生与教师代表座谈会、教学预警和淘汰、公开课、观摩课、示范课、财贸好课堂、发布《督导简报》等环节监督教学质量。教师教学质量综合评价指标一般由四部分构成，即：学生评价、教学督导专家评价、教师同行评价和教学规范评价，各部分的权重建议为 60%、15%、10% 和 15%。教学质量评价结果主要作

为教师职称评定、聘任及各项评优、评奖的重要依据。学校办学质量接受社会监督。教学模式，构建"六对接"人才培养模式。

会计专业坚持立德树人、文化育人，深化产教融合，构建产业与专业、技术与课程体系、业务与实践教学体系、企业专家与双师队伍建设、岗位与就业体系、国际业务与国际化"六对接"人才培养模式，建设核心课程教学资源库和精品在线课程。按照"职业化、智能化、共享化"的标准和要求，为人才培养模式、课程改革和课堂革命提供环境支撑，建设了"五中心一工厂"校内实训基地，包含 6 个功能区共十几个实训场所，满足会计基本技能训练、会计职业能力训练、会计技能比赛、学生创新创业等课程的教学需要。校外实习基地方面，扩大与现有实习实训基地的合作广度和深度。在现有基础上，建立已签订合作协议的 40 家校外实习实训基地，有效地吸收和引入了企业的优势资源，将校外实习基地建成集课程建设与开发、学生顶岗实习、就业、教师培训和技术服务等功能为一体的综合型基地。成立包括行业主管和企业财务经理在内的校企合作委员会，指导专业的实践教学。会计专业学生学习资源丰富，包括教材、图书、课件、网站等数字化（网络）资料，等等。

（4）考核。

考核层面，学校建立了常规考试管理制度，科学、规范执行常规考试各环节的工作标准，严格考试过程管理。凡是教学计划规定开设的课程都要对学生进行考核。各类考试、考核着重检查学生掌握所学课程的基本理论、基础知识或专业技能的情况和实际应用能力。课程免修方面，符合课程免修条件的学生可以申请免修相关课程。对免修的原则与范围、免修的申报与审批、免修成绩和学分记载进行相应规定，组织高职学生进行课程免修。结课考试，每学期课程进入结课阶段，学校教务处发布结课考试的工作通知，对加强考试组织与管理，严肃考风考纪，建设诚信学风提出具体要求，并明确各类课程的考试时间安排、考试组织、工作职责与分工、考试工作主要环节（包括试卷质量、试卷印刷与保密、监考工作、考生、考场等）的质量控制要求，并就试卷批阅与成绩登统作出相应规定。成绩复核，学生如对课程结课考试成绩有异议，可以申请成绩复核。为规范我校学生成绩复核程序，保障学生合法权益，学校出台了成绩复核文件，对复核时间、复核范围、复核程序（包括第一次复核、第二次复核）、成绩变更等进行了相应规定。

顶岗实习是职业院校人才培养工作的重要环节，第五学期对本届毕业生的顶岗实习与毕业设计的准备、实施、答辩、课程总结和优秀评审阶段进行相应规定。毕业学期对本届高职毕业生的毕业资格进行审核。对应毕业（结业）标准，对学籍、学习成绩、毕业设计、体质达标、德育等情况进行审核。

毕业层面，学生每门课程合格后，获得相应的成绩单，累计修完人才培养方案中规定的必修和选修的学分，完成顶岗实习和毕业设计后，可获得国家认可的高职大专学历。职业技能等级证书是学生职业技能水平的重要体现，学校鼓励学生参加职业技能等级证书的考试并获取证书。

（5）信息。

学校公共信息制定与监督政策，学校实行信息公开年度报告制度。报告主要内容包括：概述，主动公开情况，依申请公开情况和不予公开情况，对信息公开的评议情况，因学校信息公开工作受到举报的情况，信息公开工作的主要经验、问题和改进措施，其他需要报告的事项七个部分组成。学校建有"新闻稿件审批单"系统，各单位、各部门负责人负责审核新闻文字及图片内容，系统流转审核意见。学校加强对信息公开工作的组织领导，严格落实学校党务公开、校务公开等相关制度，不断完善信息公开工作体系，丰富信息公开内容和形式，提高信息公开质量和时效性。学校将主动公开的信息，通过校园网、广播、校报、公告栏、微信等媒介和教代会、工代会、党政联席会等会议形式以及通知、简报、会议纪要等文件形式予以公开。

会计专业信息披露。会计专业的信息主要通过我校官方网站对外披露，在该网站立信会计学院模块中包括了我校会计专业的学院简介、教师团队、教学科研、学生工作、党群工作、技能大赛、文化建设、校企合作等内容。该网站为我校会计专业主要的信息披露渠道，学生、学生家长、校企合作方、海外院校合作方等关联方主要通过该网站来了解我校会计专业的情况。

4. 佐证材料

按照 UK NARIC 自评报告撰写要求，会计专业提供了 176 个支撑材料，清单如表 5 - 2 所示。

表 5 - 2　　　　　　　　　　佐证材料清单

序号	材料名称
1	北京财贸职业学院立信会计学院基本情况佐证图片展示
2	教科研成果列表
3	20151219 网中网软件有限公司校企合作战略协议书
4	20170507 新道科技股份有限公司校企合作战略协议书
5	20180402 校企合作框架协议——正保远程教育
6	20190510 北京华财会计股份有限公司校企合作战略协议书
7	20190513 北京合普朗润会计师事务所校企合作战略协议书
8	20190513 北京天瑞税务师事务所有限公司校企合作战略协议书
9	20190513 深圳金蝶账无忧网络科技有限公司校企合作战略协议书
10	20190515 中喜会计师事务所校企合作战略协议书
11	20190517 北京恒企知源图书有限公司校企合作战略协议书
12	20191108 新道科技股份有限公司校企合作与协同育人合作协议书
13	20200417 中联企业管理集团有限公司校企合作战略协议书
14	20200531 北京东大正保科技有限公司校企合作框架协议
15	2017 级会计专业人才培养方案
16	2017 年高职自主招生章程
17	北京财贸职业学院高等职业教育 2017 年自主招生面试命题及组考方案
18	2017 年立信自主招生面试试题（教师用题）
19	2017 年立信自主招生面试评分表
20	2017 年单考单招章程
21	2017 年普通高等职业教育招生章程
22	2017 年会计专业录取分数
23	2020 年会计专业北京统招录取成绩

序号	材料名称
24	2020 年会计专业河北统招录取成绩
25	"会计学基础"课程标准
26	"会计学基础"考核方案
27	"会计学基础"授课计划
28	"会计职业道德"课程标准
29	"会计职业道德"考核方案
30	"会计职业道德"授课计划
31	"会计基本技能（一）"课程标准
32	"会计基本技能（一）"考核方案
33	"会计基本技能（一）"授课计划
34	"会计基本技能（二）"课程标准
35	"会计基本技能（二）"考核方案
36	"会计基本技能（二）"授课计划
37	"企业会计核算"——课程标准
38	"企业会计核算"——考核方案
39	"企业会计核算"——授课计划
40	"行政事业单位会计实务"课程标准
41	"行政事业单位会计实务"考核方案
42	"行政事业单位会计实务"授课计划
43	"立信会计文化"课程标准
44	"立信会计文化"考核方案
45	"立信会计文化"授课计划
46	"Excel 财务会计应用"——课程标准
47	"Excel 财务会计应用"——考核方案
48	"Excel 财务会计应用"——授课计划
49	"Excel 财务会计应用"——考核方案附件：实例设计事例——条件格式任务要求
50	"企业纳税实务"课程标准
51	"企业纳税实务"考核方案
52	"企业纳税实务"授课计划
53	"财务软件应用"——课程标准
54	"财务软件应用"——考核方案

序号	材料名称
55	"财务软件应用 1"——授课计划
56	"财务软件应用 2"——授课计划
57	"财务软件应用 "——考核方案附件：财务篇【期末考试练习题面答案】171219
58	"制造业成本核算"课程标准
59	"制造业成本核算"考核方案
60	"制造业成本核算"授课计划
61	"企业模拟经营对抗"——课程标准
62	"企业模拟经营对抗"——考核方案
63	"企业模拟经营对抗"——授课计划
64	"财经相关法规"课程标准
65	"财经相关法规"考核方案
66	"财经相关法规"授课计划
67	"财务管理实务"课程标准
68	"财务管理实务"考核方案
69	"财务管理实务"授课计划
70	"财务报表分析"课程标准
71	"财务报表分析"考核方案
72	"财务报表分析"授课计划
73	"财务报表审计 I"课程标准
74	"财务报表审计 I"考核方案
75	"财务报表审计 I"授课计划
76	"会计英语"课程标准
77	"会计英语"考核方案
78	"会计英语"授课计划
79	"商品流通业会计核算"课程标准
80	"商品流通业会计核算"考核方案
81	"商品流通业会计核算"授课计划
82	"财务报表审计 II"课程标准
83	"财务报表审计 II"考核方案
84	"财务报表审计 II"授课计划
85	"管理会计"课程标准

续表

序号	材料名称
86	"管理会计"考核方案
87	"管理会计"授课计划
88	"会计岗位综合实训"课程标准
89	"会计岗位综合实训"考核方案
90	"会计岗位综合实训"授课计划
91	《2018 会计人才培养方案》
92	《2019 会计人才培养方案》
93	《关于做好 TAFE 教育模式试验教学安排的通知》（北财院教发〔2019〕32 号）
94	《附件 1：北京市教育委员会关于开展中澳职业教育合作 TAFE 教育模式改革的通知》
95	《附件 2：关于中澳职业教育合作 TAFE 教育模式改革项目会计专业开展 2019 - 2020 学年上学期（第一学期）课程教学的通知》
96	《立信会计学院关于 2017 级（3 年制）、2018 级（3 + 2 转段）毕业生进行校外顶岗实习和毕业设计的通知》
97	《立信会计学院关于近期顶岗实习与毕业设计组织与管理工作的要求》
98	《北京财贸职业学院毕业设计基本规范》
99	《毕业设计任务书（教务处）》
100	《17 会计 3 班级学生成绩表——学生 A》
101	《普通高职专升本录取结果（会计专业）》
102	《立信会计学院优秀士兵专升本名单》
103	《2017 - 2018 学年综合奖学金公示名单》
104	《2018 - 2019 学年综合奖学金公示名单》
105	《2020 届毕业生信息收集表》
106	《迪肯大学合作协议》
107	《东北大学合作协议》
108	《英国北安普顿大学贯通协议》
109	《英国罗伯特高登大学贯通外培合作协议》
110	《会计专业学生就业信息表》
111	《校企合作 产业化运营——立信会计学院与华财会计公司达成战略合作意向》
112	《校企合作干实事 产教融合谱新章——"华财智慧型会计工厂"挂牌成立》
113	《2019 年全国职业院校会计技能大赛再获佳绩》

序号	材料名称
114	《我校在 2019 年北京市高职院校会计技能大赛中获得佳绩》
115	《我校在第三届全国高职院校"网中网杯"审计技能大赛中获得好成绩》
116	《学生双创类竞赛获奖情况》
117	《学生文体类比赛获奖情况》
118	《我校获全国大学生数学建模竞赛二等奖》
119	《立信三好优干情况汇总表》
120	《北京财贸职业学院 2018—2019 年共青团五四表彰光荣册》
121	《北京财贸职业学院 2019—2020 年共青团五四表彰光荣册》
122	《北京财贸职业学院 2020 届校级优秀毕业生拟推荐人选名单》
123	《北京财贸职业学院 2020 届北京市普通高等学校优秀毕业生拟推荐人选名单》
124	《关于成立学校招生工作领导小组的通知》
125	《北京财贸职业学院 2020 年高职自主招生章程》
126	《北京财贸职业学院 2020 年河北省单独考试招生简章》
127	《北京财贸职业学院 2020 年天津高职春季考试招收高中毕业生招生章程》
128	《北京财贸职业学院 2020 年天津高职春季考试招收中职毕业生招生章程》
129	《北京财贸职业学院 2020 年普通高等职业教育招生章程》
130	《北京财贸职业学院 2020 年高端技术技能人才贯通培养项目招生简章》
131	《北京财贸职业学院 2020 年成人高等教育招生章程》
132	《北京财贸职业学院专业设置与调整管理办法（试行）》
133	《专任教师资格证——教师 A》
134	《注册会计师证书——教师 A》
135	《北京财贸职业学院外聘教师登记表及协议书 20200713》
136	《职称聘任证书组合版——教师 B》
137	《北京财贸职业学院公开招聘编制内工作人员管理办法（修订）》
138	《2020 年北京财贸职业学院招聘公告》
139	《附件 1：北京财贸职业学院教师岗位需求表》
140	《附件 2：2020 年北京财贸职业学院辅导员和专业技术岗位需求表》
141	《附件 3：2020 年北京财贸职业学院应聘人员信息表》

序号	材料名称
142	《北京财贸职业学院 2020 年公开招聘教师岗位拟聘人选公示》
143	《北京财贸职业学院 2020 年教师岗位公开招聘综合成绩公布及实习通知》
144	《北京财贸职业学院外聘教师管理办法》
145	《北京财贸职业学院校内兼课教师管理办法》
146	《北京财贸职业学院教师课堂教学行为规范》
147	《北京财贸职业学院学生课堂行为规范》
148	《北京财贸职业学院院系二级教学督导试行办法》
149	《北京财贸职业学院高职教育课堂教学质量监控与评价办法》
150	《北京财贸职业学院高职教学质量优秀奖评选办法》
151	《北京财贸职业学院高等职业教育质量年度报告》
152	《北京财贸职业学院教学督导工作规定》
153	《智能财税学院的佐证材料》
154	关于印发《北京财贸职业学院教师课堂教学行为规范》的通知
155	《北京财贸职业学院校内实训教学管理办法（修订）》
156	《关于推行混合式教学改革的试行办法》（北财院教发〔2019〕18 号）
157	《北京财贸职业学院在线开放课程建设实施方案（试行）》
158	《北京财贸职业学院在线开放课程建设规范（试行)》
159	《北京财贸职业学院高职考试管理规定》
160	《关于做好组织高职学生申请免修课程的指导意见》
161	《关于做好 2019－2020 学年第一学期结课考试工作的通知》
162	《关于规范我校学生成绩复核程序的通知》
163	《关于 2019 届学生顶岗实习与毕业设计工作的安排意见》
164	《关于做好 2019 届高职毕业生毕业资格审核工作的通知》
165	《学生违纪处分实施办法（修订）》
166	《17 会计 3 班级学生成绩表》
167	《职业技能等级证书——智能财税》
168	《会计专业技术资格证》
169	《全国计算机等级一级证书》

序号	材料名称
170	《毕业证书样本》
171	《北京财贸职业学院 2018－2019 学年度信息公开工作报告》
172	《关于启用学校新闻稿件审批单系统的通知》
173	《学生手册》
174	北京财贸学院官方微信公众号截屏
175	北京财贸学院官方微博截屏
176	北京财贸学院官方抖音截屏

5.2 第一次反馈过程

5.2.1 反馈的问题剖析

当专家收到自评报告审核后，会与院校召开一次会议，然后提出书面问题清单，院校着手整改，同时提交整改文件和新的佐证材料。整改提出的问题，实际是大多数中方院校普遍存在的薄弱环节，一般聚焦以下若干关键问题：

（1）考核。问题举例：①设置考核及审核评分的流程是什么？如何对已完成的考核进行评分和审核评分？②在考核过程中有哪些外部审查？③如何将考核结果反馈给学生？考试（或作业）之后多长时间给学生反馈？④雇主是否参与学生实训的安排和考核？

（2）剽窃、投诉和免修。问题举例：①本专业每年的招生入学人数和顺利升级的人数，给出学生放弃该专业的原因？过去三年有关学生（在校及退学的）最终结果情况说明？②对于学术不端行为——剽窃和作弊的处罚措施有哪些？是否有抄袭和作弊的统计数据？③是否有针对学生投诉和上诉的政策？④过去三年学生获准免修课程的具体情况？

（3）学生支持（服务学生的工作）。问题举例：①学生在课外时间是如何得到支持的？②学生如何联系到教研人员？③对学生非学术问题的生活或心理辅导有什么安排？

（4）学生满意度。问题举例：①请提供学生满意度反馈的样本。请解释一下获取和响应学生满意度反馈的过程？②一旦收到反馈，审查和处理学生满意度反馈的过程是怎样的？

（5）招生情况的变化。问题举例：因为什么原因，致使招生情况有较大变化？需要解释说明。

（6）介绍说明奖学金情况。问题举例：①需要院校进一步解释获得不同等级奖学金的学生比例和成绩？②其他学生是什么情况？他们取得了什么成绩？

（7）专业设置、备案审批、监督审查。问题举例：新专业的"专业调研"是如何进行的？谁做的专业调研？包括哪些内容？是否能提供一个通过专业审批的报告样本？

（8）课堂教学监督与评价制度——教师评价。问题举例：对教师监督和评价在实践中怎么操作的？评价的结果怎么应用？

（9）学生评教。问题举例：学生评教反馈采取什么形式？它是如何评分的？可否提供学生评教的例子？如果在学生评教中发现问题会怎么办？解决方案如何反馈给学生？

（10）学生与教师代表座谈会。问题举例：座谈会的讨论内容是什么？之后的措施是如何反馈给学生的？

从以上十个问题我们可以看出，UK NARIC 评估高度关注学生，大部分问题始终围绕学生展开，贯穿学生入学、日常上课、考核评价到学生走入职场的全过程、全方位；同时，评估高度关注问题的闭环解决流程，每一个问题都要求做到事事有反馈，件件有落实，善始善终，良性循环。

资历/专业设置方面：关注学生，以学生为中心；关注考核的科学性（评分方案，评分系统）；关注反馈，强调问题的闭环流程；关注量化指标。

质量保障方面：招生录取流程的公平、公开和制度保障；专业设置的流程、监督、审查的制度保障；教与学人才培养目标（学习成果）达成的验证；考核制度（公正，公平，一致；第三方审查）。

5.2.2　第一次整改策略

整改中涉及学校教务处、招办、督导处、国际教育学院（外事处）、系部等多个部门，需要各部门统一思想，分工协作，由系部统一负责整改具体工作。

在整改中，系部首先对问题进行研判分析，具体问题划归对口部门，其次针对问题对部门提出要求，部门的职责重点是提供相关制度、文件等佐证材料。最后系部汇总各部门提供的资料，逐一回答撰写整改报告的每一个问题。

（1）考核。①关于院校考核及审核评分的流程，实际是查看不同阅卷人所打分数是否公平一致。这里重点介绍院校考核评分的流程，成绩审核审批流程等。②关于外部审查，在英国有专门机构负责外部审查，在中国是没有的，可以介绍自己院校的实际做法。③英国考核结果强调及时反馈给学生，而且需要教师指导学生分析试卷，并帮助学生查漏补缺。④这里可以介绍院校对于平时测验、期末考试和期末总成绩的反馈情况。目前，企业在学生实训时，都会参与工作安排和考核。

（2）剽窃、投诉和免修。①通过一个图表来比较本专业每年的招生入学人数和顺利升级的人数，并给出学生放弃该专业的原因。提供过去三年有关学生（在校及退学的）最终结果情况说明。②提供关于学术不端行为——剽窃和作弊的政策和规定，提供近三年抄袭和作弊的统计数据。③针对学生投诉和上诉的政策，介绍过去三年的个案详情。④提供过去三年学生获准免修课程的统计数字。

（3）学生支持（服务学生的工作）。①在课外时间通过组织学生参加社团、志愿者服务、各类大赛等方式支持学生。②学生可以有多种方式联系到教研人员、教学秘书、学习委员、辅导员等。③对学生非学术问题的生活或心理辅导有各种安排，例如学生代表座谈会、学生干部交流会等。

（4）学生满意度。①提供学校开展学生满意度的问卷调查样本。介绍问卷调查中获取和响应学生满意度反馈的过程，例如第三方专业机构如何做的调研。②收到反馈后，院校如何审查和处理学生满意度反馈的过程，例如及时调整在专业定位、课程设置等方面的问题。

（5）招生情况的变化。如果因为政策或者某种原因，致使招生情况有一定变化，例如生源增减，生源质量，需要解释说明是什么原因造成了这种变化？这种变化如何影响学生的表现。

（6）介绍说明奖学金情况。①在相关成果中中方院校都会介绍学生获得奖学金的情况，院校需要进一步解释获得不同等级奖学金的学生比例和成绩。②还需要解释没有获得奖学金的学生是什么情况？他们取得了什么成绩？需要提供过去三年的所有学生成绩简介，例如毕业学生成绩分析等。

（7）专业设置、备案审批、监督审查。这里需要说明新专业的"专业调研"过程，是院校做的还是请第三方机构做的，调研了什么内容。最后提供一个通过专业审批的报告样本。

（8）课堂教学监督与评价制度——教师评价。介绍对教师监督和评价在实践中有什么方式，例如督导听课、公开课展示等。同时说明这种监督和评价开展的频率和周期，承担监督和评价工作的各类人员构成，评价的结果如何应用在各个领域，例如教师职称评定、教学质量评优等方面。

（9）学生评教。介绍学生评教一般采取的主要形式，例如问卷调查、师生座谈会等。一般问卷调查采用百分制，最后评出一个分数。可以提供某门课程学生评教的例子。学生评教中如果发现了问题，说明学校采取了什么样的举措，并且学校是如何把解决方案反馈给学生的。

（10）学生与教师代表座谈会。介绍座谈会的讨论内容，更为重要的是介绍座谈会之后，教师采取了怎样的举措解决学生提出的问题，并且是通过什么有效方式反馈给学生的。

5.2.3 会计专业第一次整改报告

按照 UK NARIC 专家提出的意见和建议，会计团队认真研讨并进行了有效的整改，提交了第一次整改报告，见图 5 - 2。

Questions and document request from subject specialist for

Accounting major

学科专家提出的针对会计专业的疑问和对文件的要求

1. Assessment

(1) What is the process for setting and moderating the assessments?

(2) How are the completed assessments marked and moderated?

(3) What external scrutiny is there on the assessment process?

(4) How is feedback given to students?

(5) What is the time between exam/assignment and feedback?

(6) Are the employers included in the setting and assessing of students in the practical training?

1. 考核

(1) 设置考核及审核评分(查看不同阅卷人所打分数是否公平一致)的流程是什么？

(2) 如何对已完成的考核进行评分和审核评分？

(3) 在考核过程中有哪些外部审查？

(4) 如何将考核结果反馈给学生？

(5) 考试（或作业）之后多长时间给学生反馈？

(6) 雇主是否参与学生实训的安排和考核？

答复如下：

(1) 设置考核及审核评分(查看不同阅卷人所打分数是否公平一致)的流程：

A.设置考核评分：①学校课程考核方案模板，其中包括对课程成绩分配及比重，课程考核内容及评分标准。（详见佐证资料1-1）②出卷审核表（详见佐证资料1-2）。考试一周前由教师出难易程度相等、试题份量相当、试题重复率不超过15%的A、B、C三套标准试卷。由系（教研室）主任或教学院长对题量与考试时间长度是否相符等方面进行审核，并试做考题，填写《出卷审核表》中的审核内容。

B.设置审核评分（成绩审核审批流程）：

图 5 - 2 会计专业第一次整改报告首页

表 5 – 3　　　　　　　　　新佐证材料清单

序号	材料清单
1	《期末考试考核方案模板》
2	《出卷审核表》
3	《顶岗实习企业指导教师评价用表》
4	《北京财贸职业学院教师职务聘任实施细则（试行）》
5	《立信会计学院组织开展青年教师拜师活动及教学研讨会新闻稿》
6	《学校关于剽窃和作弊的政策》
7	《学校针对学生投诉和上诉的政策》
8	《关于 2018 年 12 月 16 日 AB 级考试学生反映问题的情况说明及事实认定》
9	《志愿活动》
10	《社团活动》
11	《双创活动》
12	《主题活动》
13	《英国罗伯特高登大学协议》
14	《北安普顿大学——国际合作协议》
15	《Articulation Agreement – revised version clean – 26 September 2019》
16	《annexure A1 – Dip int Acc》
17	《2017 级会计高职三年制成绩情况》
18	《会计信息管理专业（群）人才需求调研报告 – 200608》
19	《立信会计学院 20 – 21 学年外聘教师基本情况及任课情况》

5.2.4　补充提交资料

当专家已经审阅了院校发来的整改文档之后，他们希望能进一步看到一些文档。请院校提供一些考核/评估样本——所需提交的这些是学生实际完成（考核过）的考核/评估，以便学科专家了解学生在考核/评估时的实际表现/回答。

专家需要来自至少三个不同模块的一系列评估。这些能够显示出学生的作业/表现和老师的批改/打分，而不仅仅是考核原题的模板。

通常需要提供专业理论课、专业实训课、实习报告或毕业答辩这三类课程评估资料。我校会计专业分别提供了具有代表性的"会计基础""会计岗位综合实训""顶岗实习"三门课程的全部考核资料，具体包括：课程考核方案、试卷原题和参考答案；2 名学生所有考核方式的答题和评分记录。

5.3 访谈阶段

5.3.1 视频录制

1. 视频录制策略

因为疫情原因，为使学科领域专家更加深入地了解参与 UK NARIC 评估认证的专业，学校需要提供有关该专业的视频类佐证材料以供专家审查。

UK NARIC 建议至少在远程访问的前两周将录制好的视频提交上来。如此，学科领域专家将有足够多的时间来审查这些视频，并为远程访问（会议）准备好相关问题。

学校在录制视频时，尽可能包含该专业所涉及到的一些场所（校内外，理论与实践教学，实习/实训），如果可以，请录制教学发生场所；对于每个参与评估认证的专业，所需录制的视频内容均需包含以下几个方面：

（1）授课发生场所，如：教室及其他任何的校外场所；

（2）用于该专业的校内的一些特殊教室，或者实践培训场所。包括：专业设施、专业设备和任何模拟工作场所；

（3）校外实践场所/地点；

（4）学生可获得学习资源的地方，如：图书馆、计算机房，其他的信息技术（IT）资源，等等；

（5）一个常规的课程是如何教授的——体现出老师和学生的互动，

如：正在进行的一堂课，以体现出该专业所使用的教学模式/方法；

（6）体现出学生实际正在进行的实践/实习（如果可以的话）。

录制视频时可用中文讲解，并请配上英文字幕；或直接用英文进行讲解。所录制的视频文件的分辨率无须很高，在720P左右即可，方便文件的传输。

2. 视频选择

根据 UK NARIC 远程访问前视频录制要求，院校需要在录制时，应选取有代表性、有专业特色的场所和课程，以彰显专业的优势和实力。可以选择录制：校园全景、传统理论课堂、专业实训课堂、校外实习基地、实践课堂、实训工厂、图书馆和素养文化中心等典型视频。会计专业最终选择了6个模块的视频资料：传统课堂、实训室、校外实习、图书馆、实践课堂和立信会计文化。

5.3.2　正式访谈

1. 主要问题及策略

在审查访问之前，各学科专家会将重点关注的领域传达给学院。此外，学科专家的问题将在审查访问会议之前发送给学院，以便学院在必要时有机会提前准备答案。会计专业远程访问问题如表5－4和表5－5所示。

表5－4  A 部分——资历/专业设置

Core component area 核心组成领域	Question/s 问题
Learning Outcomes 学习成果	*Are the learning outcomes/objectives designed to reflect the threshold knowledge and skills or the typical student?* 学习成果/学习目标的设计是否能够反映出知识与技能的最低标准？或能反映出大部分学生最终的水平吗？

续表

Modes of Learning 教学模式	*Can you confirm the course is delivered in Full-time mode only?* 您能确认一下，是否这些课程都是全日制式的课程吗？
Other 其他	*Learning resources-how did students access these during the COVID pandemic?* 学习资源——在新冠疫情期间，学生是如何获得这些的呢？
Methods of Assessment 考核方法	*Can you provide an example of an examination for one of the modules please? Can you also provide the marking scheme for the examination and the grading system. (Relevant to standard 4 assessment)* 您能提供一个考试的例子吗？您还能提供与本考试相对应的评分方案和评分系统吗？（与标准 4 考核有关）

表 5－5   **B 部分——质量保障**

Quality standard 质量标准	Question/s 问题
Admission 招生录取	*Is the admissions policy available in document form rather than on the website?* 是否有文件形式的招生录取政策，而不仅仅是网页？
Programme Development 专业发展/设置	*I can see you have a process for programme design but is this written down in a policy?* 我看到我们有专业设置的流程，请问是否对其进行了明文规定？
Programme Monitoring and Review 专业监督审查	*I can see you have a process for programme monitoring and review but is this written down in a policy?* 我看到我们有对专业的监督审查的流程，请问是否对其进行了明文规定？
Programme Monitoring and Review 专业监督审查	*How are students, staff and industry representatives involved in programme development and review?* 学生、教职工及行业代表是如何参与专业的监督与审查的？
Teaching and Learning 教与学	*Is there a policy in place to support the continuous development of staff competence?* 是否有相关政策以支持教职工能力的持续发展？
Assessment 考核	*Can you provide an example of an examination for one of the modules please? Can you also provide the marking scheme for the examination and the grading system. (Relevant to standard 4 assessment)* 您能提供一个学习模块的考试的例子吗？您还能提供与本考试相对应的评分方案和评分系统吗？
	Do you have a policy for plagiarism? 有针对抄袭、作弊的管理政策吗？

第一部分：资历/专业设置。

（1）结构与内容。

Q1：学校专业审查所采用的（审查）程序？

A1：用流程图展示专业申请、批复、淘汰的程序和机制。

（2）学习成果。

Q1：学习成果/学习目标的设计是否能够反映出知识与技能的最低标准？或能反映出大部分学生最终的水平吗？

A1：学习成果/学习目标源于人才培养方案，通过人培方案的制定程序，毕业生满意度调查等方面回答。

Q2：学校是如何确定/决定每门课程的学习成果的？

A2：每门课程的学习目标根据专业人才培养规格中的素质、知识和能力来确定，并对专业人才培养规格形成支撑关系。

（3）教学模式。

Q1：这些课程是否都是全日制式的课程？

A1：中国的职业教育基本都是全日制。国外的职业教育有多种形式。

Q2：在新冠疫情期间，采用数字教学/在线教学之后，请概述学校采用的数字/在线资源的方案和采用的教学方法？

A2：利用各种直播平台、课程资源平台、课后管理措施等。

Q3：学生在疫情期间，是如何获得这些学习资源呢？

A3：社会公开资源、学校资源和教师资源。

（4）考核方法。

Q1：是否能提供一个考试的例子？并能提供与本考试相对应的评分方案和评分系统？

A1：评分方案是考核类型（例如：作业、期中考试和期末考试）和分值比例，评分系统是分值的等级标准，例如：优、良、中和差。

Q2：请说明一下学校是如何确定/决定每个模块的考核点，考核点有哪些以及这些考核点的数量？

A2：考核点是由学习成果决定的，课程组会集体研讨，确定考核点的内容和分值。

Q3：每门课程，会用什么考核点，来考核学生是否达成了课程学习目标？使用多少个考核点？

A3：考核点必须对应学习成果。通过制定科学的考核方案，如果学生达到相应标准，就是达成学习目标。考核点的多少根据题型决定。

第二部分：质量保障

（1）招生录取。

Q1：是否有文件形式的招生录取政策，而不仅仅是网页？

A1：展示院校各种招生录取方式的制度、文件和规定，并做解释说明。

Q2：请描述招收一个学生的流程？

A2：介绍学校总体招生方式（针对不同生源的）及每种招生方式所使用的程序。

（2）入学要求。

Q1：用什么程序检测学生是否满足这些入学要求？

A1：介绍学校招生方式（单考单招、自主招生和高考招生）具体制定了哪些入学要求，怎样通过考试或面试检测申请的学生满足这些要求？

（3）专业发展/设置。

Q1：专业设置的流程，是否对其进行了明文规定？

A1：展示学校专业发展/设置流程的相关制度文件，并解读关键内容。

（4）专业监督审查。

Q1：对专业的监督审查的流程，是否对其进行了明文规定？

A1：展示专业监督审查的流程相关制度文件，并解读关键内容。

Q2：学生、教职工及行业代表是如何参与专业的监督与审查的？

A2：展示学生、教职工及行业代表参与专业监督与审查的制度文件，并解读关键内容。

（5）教与学。

Q1：是否有相关政策以支持教职工能力的持续发展？

A1：科技处、教务处等部门出台的支持教职工能力持续发展的政策措施。

（6）考核。

Q1：怎样判断学年结束时学生是否满足了学习目标和要求？

A1：国外大学一般除了设置学制三年或四年总的人才培养目标外，每个学年还设置了学年度人才培养目标。我们没有学年度人才培养目标，但是如果学年内每门课程的目标达成了，就视为学年目标达成了。但这里需要考虑那些课程考试失败的同学怎么评估？

Q2：有针对抄袭、作弊的管理政策吗？

A2：展示针对抄袭、作弊的管理制度和文件。一般学校的《学生手册》中有相关管理政策。

Q3：请说明一下学校是如何检测学生考核得分的一致性的？

A3：一是侧重教师把握评分标准的一致性，也就是教师在给不同学生打分的时候，怎样确保使用了一致的评分标准，而不是主观上自行给分；二是如果不同的教师判卷，怎样保证不同的教师之间使用了一致的评分标准？这里核心在于教师打分的公平性、透明度。我们如何检测教师评分的公正性、使用标准的一致性。

Q4：如何检测您所给您学生的反馈的质量？

A4：国外非常看重给学生反馈成绩后，学生的反应。如果是过程性考核，教师会比较关注学生通过成绩能够看到自己对学习成果的掌握程度，找到自己的薄弱环节，进而改进提高。注重反馈成绩时师生之间的互动。让学生了解评价考核的目的和意义。

Q5：学生在出成绩后如果对成绩有异议怎么解决？

A5：学校有复议制度，会进行复议，介绍具体的文件规定和流程。

2. 访谈议程

正式访谈的议程如下：

（1）来自学科专家的问题；

（2）院校主要工作人员对学科专家的任何疑问；

（3）建议校级领导参与每次会议，在专业部分的问答结束后，由相关领导继续问答；

（4）参与人员包括：校级领导 1~2 人，系部院长、副院长 2~3 人，项目负责人 1~2 人，系部学生 3 人，教务处 1 人，招办 1 人，国际教育学院（外事处）2~3 人。

3. 访谈反馈

访谈结束后，UK NARIC 专家将出具一份专业远程复审访问会议总结。

总结包括：访谈中通过专家的提问，我们的回答，他们对于重点领域中每一个关键问题更进一步地理解；介绍学位和文凭级别的职业专业的等级描述词在英国如何定义，专家概述英国高等教育院校的内部及外部质量保障体系程序：内部质量保障是高等教育院校的责任，而外部机构，如：英国高等教育质量保证署（QAA）会对高等教育院校进行质量保障审查等案例。

最后，感谢专业的全体教职工在过去六个月里为这个项目所做的工作。现在他们将整理最终报告，并在复审访问完成后大约 8 周时间内提交。

5.4 访谈后反馈整改阶段

访谈之后，专家会召开一次评估发现会议，会议将介绍专家对于专业的主要发现，并就基准测试提供建议和指导。

5.4.1 结果发现

学校层面：

缺少一个统一的质量保障专业学习手册，可能有助于进一步清晰，并巩固外部利益相关方，合作伙伴和学生的现有流程。

专业层面：

（1）学习成果可以更加具体和可衡量。

（2）整个专业层面的考核策略很复杂。

（3）考核计划任务重，考核占用大量的学习/参与时间。

（4）缺少同行评议制度。

5.4.2　第二次整改策略

本次会议之后，项目负责人立即组织团队整理会议资料，研讨会议要点，商定整改措施，并传达会议精神。特别是组织培训专业课任课教师，指导如何撰写课程考核方案，专业学习成果，课程学习成果的映射表。疫情期间，召开数十次线上会议沟通交流。

学校层面：

召集教务处、质量办公室、二级学院、国际教育学院，将当前学校质量保障的实践整合到一个总体质量保障手册中。质量保障手册结构和内容如表 5 - 6 所示：

表 5 - 6　　　　　　　　　内部统一质量保障手册结构

部分	重点内容	完成指南
介绍	目录	
	手册介绍	手册的建议用途/受众
入学和招生录取	一般招生录取	任何校级招生： ● 招生录取规则，例如最低入学要求或入学资格要求。 ● 公平和适当招生录取学生的指导原则，包括对持续审查的任何期望，以确保入学要求具有足够的包容性，同时确保选择为相关级别的学习做好充分准备的学生。 ● 国际招生录取规则（例如对教学人员或统一招生办公室的期望，以确保学生能够适应）
	对先前学习情况的认可	如果适用，请提供校级的任何有关先前学习情况政策的详细信息。如果没有，请删除此部分

续表

部分	重点内容	完成指南
专业设置和审查	专业设置和审批（针对首次注册新专业的学生）	在招收第一批学生之前对新专业的正式批准流程包括： ● 概述专业设置的清晰框架，尽可能采用学习成果导向的方法，为教学、学习和考核的连贯设计提供信息。 ● 作为专业设置的一部分，要考虑利益相关者类型和关键外部参照点；例如不同国家对毕业的要求。 ● 首次审批和注册的文件/签字要求——在这里制定一个人员表会很有用，阐明所涉及的关键人员和委员会以及他们的预期职责
	专业审查	任何对专业审查范围和频率的校级要求，包括： ● 对专业和/或审查周期的任何通用的最低要求。 ● 作为专业设置的一部分，应考虑利益相关者类型和关键外部参照点：例如每个国家对课程、学习成果和考核的要求
		● 审查标准，这也是专业监督和审查的一部分。 ● 专业设置变更的文档/签字要求——于此总结一份人员表会很有用，阐明所涉及的关键人员和委员会以及他们的预期职责
教与学	教师招聘要求	任何学院范围内对教学人员的最低要求，根据需要按级别区分。如果这由院系自行决定，请在此处说明，附上与之相关的指导原则。例如，（插入指定的办公室或人员）有责任确保其教师的资历和能力，并且在招聘时应采用公平和透明的流程
	监督、评估和专业发展	任何学院范围内的教师管理和绩效评估流程/协议，指定用于评估课程的范围、频率和分配的人员以及要使用的任何其他指标（例如学生进阶情况和完成数据）
	学习资源和学生支持	相关系部应提供的关于学习资源和学生支持方面的全校规定
	协同供应	任何学院范围内关于行业和学术合作伙伴关系的选择、尽职调查和持续监控的规定

部分	重点内容	完成指南
考核	考核计划（如适用）	任何学院范围内的专业考核计划要求或模板
	发展	任何学院范围内的政策、指南（包括任何 CPD 要求）和模板，以支持评估材料的开发和发布前审核，以确保内容和结构的有效性、可靠性、实用性和公平性。这可能包括毕业设计摘要统一规定的样板，及结课考试设计原则
	行政	审查员程序，制定指导包括但不限于：日程安排；人员和职责（例如监考员、验证员）；记录存档；学术不端和剽窃；访问和特殊考虑
	评分和评分标准	任何学院范围内的评分和评估后审核方法的要求或模板（例如二次评分的抽样规模）
	重考政策	任何学院范围内的重考政策（例如学生可以重考的次数和/或情况）
	上诉政策	任何关于学生上诉标准和审查程序的学院政策
	认证	任何国家或学院范围内的毕业和认证要求。学院认证流程或原则——例如，所有符合毕业要求的学生都将收到证书和成绩单
信息管理和透明度	透明度	• 向未来学生、在校学生和其他感兴趣的机构和专业的利益相关者提供信息的指南。其中包括规定所有学生都有权获取关于他们选择的专业课程的指南。 • 信息管理系统的描述，特别是学生记录的完整性以及如何在招生录取、课程、学习和教学、评分、审核和认证中进行内部监督和审查
附录	任何其他学院规定的表格	这些可以作为单独的文件提供，但须附有明确的文件列表及其预期用途

专业层面：

（1）学习成果。总体上，学习成果是学生在成功完成课程后，应当了解该做什么，及是否有能力去做。这些应遵循良好实践的原则（具体的、可行的、可衡量的），并且足够清晰以告知课程设计、教学方法和考核。需要对专业学习成果（Professional Learning Outcomes，PLO）和专业课程的学习成果（Learning Outcomes，LO）重新进行梳理和整改。尤其对命令词的使用着重进行整改和规范，力求准确描述专业和课程的学习成果。按照布鲁姆分类法，在学习成果的描述中要体现出进阶性（见表 5-7）。

表 5-7   "学习成果"常用命令性动词示例

学年	命令性动词
第一学年	学生理解，熟悉×××核心学科的基本知识； 能够进行基本分析的技能，并评估这些学科之间的相互作用； 提供×××工作知识； 为×××做准备； 解决×××问题
第二学年	理解和有效应用×××方面的专业知识； 学生理解对×××核心要素的知识和技能； 理解和有效应用×××原则，对专业要求的范围和重要性有更广泛的认识； 提供、发展专业和可转移技能及知识； 能够应用、实施、评估×××； 能够建立×××； 客观思辨性的评价×××
第三学年	熟悉×××的范围和定义特征； 学生能够展示其技术和学习技能、员工关系技能、计划和组织技能、个人和专业技能以及沟通技能； 发展他们学习×××相关领域的知识和理解； 发展批判性思维、解决问题和独立学习的能力； 培养和展示所研究学科领域的探究性、分析性和创造性的方法； 学生还将有机会发展关键的就业技能，如团队合作、演讲、沟通、领导力和解决问题的能力； 展示他们在×××职场相关领域具备深度的专业经验和具体知识； 展示对未来×××专业和行业的就业适应能力，并证明有进行研究和自学扩展的能力； 在实际工作场景下应用×××技能

（2）考核策略。考核方案力求简洁、有效。在整改过程中要提高学生作品、项目成果展示，以及期末考试等终结性考试内容在考核中的占比，降低并取消出勤、课堂问答等形成性考核内容在考核中的占比。通过这种考核方式来逐步提高学生的工作技能。通过添加一些映射表格，利用评估映射，匹配考核评估和学习成果。如表 5-8、表 5-9 所示。

表 5 – 8　　　　　　　　　　专业学习成果对照表

课程名称	占文凭的权重（%）	专业学习成果考核（PLO：专业学习成果）							
		PLO1	PLO2	PLO3	PLO4	PLO5	PLO6	PLO7	PLO…
第一年									
××简介		√	√	√					
…			√	√	√				
第二年									
××中级技能	…					√	√		
…					√		√		
第三年									
××中的高级技能							√	√	√
毕业设计	…								

表 5 – 9　　　专业课程考核方式与学习成果映射表（课程层面与专业层面）

课程名称		考核	课程的权重（%）	课程学习成果考核（LO：课程学习成果）	专业学习成果考核（PLO：专业学习成果）
第一年	××基础	考核 1（例如，实践——做某事/某物）	50	LO1、LO2	PLO5、PLO6、PLO9
		考核 2（例如，报告和评估上述某事/某物的制作）	20	LO3、LO4	PLO1、PLO3、PLO011、PLO013
		考核 3（例如考试）	30	LO1、LO2、LO3、LO4	PLO1、PLO2、PLO011
	×系统的开发	考核任务 1	…		
		考核任务 2	…		
		考核任务 3	…		
		…	…		
	…				

课程名称		考核	课程的权重（%）	课程学习成果考核（LO：课程学习成果）	专业学习成果考核（PLO：专业学习成果）
第二年	××中级技能	考核1（例如，实践——做某事/某物）	50	LO1、LO2	PLO5、PLO6、PLO9
		考核2（例如，报告和评估上述某事/某物的制作）	20	LO3、LO4	PLO1、PLO3、PLO11、PLO13
		考核3（例如考试）	30	LO1、LO2、LO3、LO4	PLO1、PLO2、PLO11
		…			
	×系统的开发	考核任务1	…		
		考核任务2	…		
		考核任务3	…		
		…	…		
		…			
	…	…			
第三年	进阶××	考核1（例如，实践——做某事/某物）	50	LO1、LO2	PLO5、PLO6、PLO9
		考核2（例如，报告和评估上述某事/某物的制作）	20	LO3、LO4	PLO1、PLO3、PLO11、PLO13
		考核3（例如考试）	30	LO1、LO2、LO3、LO4	PLO1、PLO2、PLO11
		…			
	毕业设计	考核任务1	…		
		考核任务2	…		
		考核任务3	…		
		…	…		
		…	…		
	…	…	…		

（3）考核计划。尽量减轻学生考核任务，尤其是一些形成性考核内容，重新认识形成性评价的作用，不计入课程结果。更多关注学生实际掌握的技能，以激发学生学习能动性。另外，有一个现象，英国课程标准里面列明的学时，既包括面授的学时，也包括学生自学、作业和考试的时间，而中国院校课程的学时中仅为课上学时，不包括自学、作业和考试的时间，所以看上去考核时间占比高，任务重。

（4）同行评议。考虑采取一个考卷试题同行评议制度，即进行考试之前，先将试题给同事看并提出意见，改好了以后才使用。

5.4.3　会计专业第二次整改

会计专业团队针对专家提出的问题进行了深入的研讨，并及时进行整改，提交了第二次整改报告。

（1）针对学习成果。

根据会上 UK NARIC 专家提出的意见和指导，我校重新认识和理解学习成果：总体上，学习成果是学生在成功完成课程后，应当了解该做什么，及是否有能力去做。这些应遵循良好实践的原则（具体的、可行的、可衡量的），并且足够清晰以告知课程设计、教学方法和考核。

根据专家提出的标准，对会计专业学习成果（PLO：Professional Learning Outcomes）和 29 门专业课程的学习成果（LO：Learning Outcomes）重新进行了梳理和整改。尤其对命令词的使用着重进行整改和规范，力求准确描述专业和课程的学习成果。完成了《会计专业学习成果描述及专业课程与专业学习成果对照表》和《会计专业课程考核方式与（课程层面与专业层面）学习成果映射表》，充分体现会计专业各门专业课具体的学习成果，以及学习成果与考核方案的映射关系。

（2）针对考核策略。

考试可采取笔试、机试、口试、线上考试与撰写实验报告、论文、实验设计、方案策划、软件策划、综合性大作业、实际操作、现场模拟、小组汇报等考试改革类形式相叠加的方式。无论采取何种方式，每门课程都要有考核方案，对考核对象、考核要求、考核形式、考核内容等进行明确。考核方案要留存备查。

重新构建了专业学习成果与考核方案的映射关系。每门课程的具体考核方案以及对应的学习成果请参照《会计专业课程考核方式与（课程层面与专业层面）学习成果映射表》。

（3）针对考核计划。

关于非常重大的考核评价的举措，第一：对大数据与会计专业就课程的考核方案进行了调整，重新认识形成性评价的作用，不计入课程结果。第二：我校教师在整改过程中认识到英国课程标准里面列明的学时，既包括面授的学时，也包括学生自学、作业和考试的时间，而我校课程的学时中仅为课上学时，不包括自学、作业和考试的时间，所以看上去我校考核时间占比高、任务重。

（4）同行评议制度。

我校对试卷评议有所规定：课程所属二级学院教学院长或系（教研室）主任，对笔试类科目两套试卷的试卷内容、难易程度、试卷格式、两套试卷的重复率不超 15%、题量与考试时长是否相符等方面进行审核；对口试类科目的题目、题量、难易程度等方面进行审核；对线上考试类科目的题目、数量、难易程度等方面进行审核。严格把控试题质量并进行试做，填写《北京财贸职业学院考试出卷审核表》。试题涵盖范围、形式、难易程度等，应与考核方案相符。

通过本次评估认证工作，英国对考核与学习成果的映射关系以及对外部审查员等方面格外重视。未来，会计专业会在考试方案审核时加强对考核项目与学习成果的对应关系的审核，而且，可以考虑将来在试卷审核环节邀请校外的专家进行审核。

同时，学校层面也制定了《质量保证手册》，主要内容如下：

一、基本原则

二、外部质量保障机制

（一）接受国家和社会监督

（二）接受北京市教委定期评估

（三）接受第三方对毕业生就业质量调查评估

（四）组织专业人才培养方案多元论证

（五）委托第三方对学校教学质量进行独立评估

（六）引入专业组织职业资格证书课程，组织学生参加职业资格证书考试

（七）邀请国际专业评估认证机构开展专业教学标准国际评估认证

三、招生录取

（一）普通录取

（二）非常规录取

四、专业设置、备案审批、监督审查

（一）专业设置

（二）备案审批

（三）监督审查

五、教与学

（一）教职工招聘

（二）考核政策和程序

（三）继续教育与专业发展

（四）教学设施和教学资源

（五）评价机制

（六）分析机制

（七）反馈机制

六、考核评价

（一）考核方案

（二）实践课程考核评价

（三）考试管理

（四）重修、补考政策

（五）申诉政策

七、信息管理

八、附件

5.5 成功认证

正式访谈之后，英方会出示一份专门书面研究报告，告知本专业独立评价和评估认证的结论，然后进一步提出整改建议（见图 5 – 3）。

会计专业大专文凭
评价与评估认证

呈交北京财贸职业学院

商业机密

2021 年8 月

北京财贸职业学院会计专业大专文凭评价与评估认证
Ecctis, 2021 年 8 月

图 5 – 3 北京财贸职业学院会计专业评估认证报告封面

5.5.1　主要问题

（1）学习成果。需要再进行调整，例如混合使用动词（"理解"）和被动形式。每项学习成果包含很多内容，例如某学习成果：知识、理解、探究、分析、终身学习以及问题解决，这使得考核会很复杂。

（2）形成性考核。对形成性考核认识不全面，不到位。

（3）选修课问题。选修课较少，毕业生无法适应于更广泛的岗位。

（4）教学模式。学生缺乏独立研究和评估的机会，缺乏延伸性写作或复杂分析能力。

（5）考核方法。常见选择、判断客观题型，缺乏更多延伸性问题和案例研究问题。

（6）顶岗实习和毕业设计。二者关系不清晰。

（7）课时情况差别。中方院校的总课时量明显少于英方总课时量。

（8）专业人才培养方案修订。专业整改后，专业人才培养方案没有跟进修订。

5.5.2　第三次整改策略

（1）学习成果。"学习成果"一词用于明确学生在成功完成资历后应能够展示的关键知识、技能与能力。重新梳理专业层面的学习成果，课程层面的学习成果指令性动词更加具体精准，可操作，可衡量，并且课程学习成果要体现出进阶性。

（2）形成性考核。通过形成性考核能够评估学生的进步，并确定新出现的学习需求，确保教师在学习过程中的能动性。但考勤、提问这样的形成性考核不再计入学生最终的考核。

（3）选修课问题。英国大学开设了丰富多彩的选修课供学生学习，选修课占总课程的一半之多。今后，中国院校、系部和企业可以开发多类型选修课，帮助毕业生适应于更广泛的岗位。

（4）教学模式。补充提交现有课程中学生独立研究、评价的案例和课程。同时，今后的课程中增加更多的学生独立研究和评估的机会，增加写作训练或复杂分析训练。

（5）考核方法。补充提交现有课程中学生分析、评价的考核样例。同时减少常见的选择、判断等客观题型，使用更多延伸性问题和案例研究问题考核。这里的逻辑是：课程学习成果要体现出进阶性，考核同样如此，第一学年的课程不强调考核高阶的技能，第二、三学年体现出批判性分析、评估和反思的能力。提交高阶课程、批判性思维考核的分值要重一点。关于批判性思维，定义是：一套系统的方法，对信息进行解释、分析、评估、推论、说明和校准，辩证地看待事物。评估要求是体现学生分析、评估、反思、推断能力。采用何种考核方式可以很好地体现批判性思维呢？例如考试，题目可多采用宽泛、开放式的问题：分析、评价、论述等；还有小组项目式考核、实践性任务考核也是不错的选择。

（6）顶岗实习和毕业设计。二者关系不清晰。顶岗实习中包含三个模块，分别为企业认知、企业顶岗实习和职业能力展示三个模块，强调学生做中学，注重综合职业能力的培养。毕业设计模块注重学生文献检索、分析综合、学术文本撰写、评价反思的能力。

（7）课时情况说明。中国院校的课时仅仅指面授时间，高职三年制的总课时量按照教育部规定不低于 2500 课时，课后教师辅导及学生自学的时间一般不计入总课时。英国的计算方法与我们不同，他们的面授时间、教师辅导和自学时间都计入总课时。因此，英国的总课时比中国院校多，多出约 1 倍。

（8）专业人才培养方案修订。评估整改后，及时修订人才培养方案，特别是考核方案和学习成果，并且保证修订得到院校教务部门的认可。

5.5.3　会计专业第三次整改

会计专业团队针对专家提出的问题进行了深入的研讨，并及时进行整改，提交了第三次整改报告。

（1）专业学习成果 PLO。针对专家对我校会计专业提交的专业成果

PLO 的建议，会计专业重新编写了 PLO，将原来的 10 条 PLO 扩充到了 13 条，并将一些不恰当的命令性动词进行了修订，修订后的学习成果一般都有一个明确的动词，与学生在成功完成后应该能够展示的内容相关联。同时，重新撰写会计人才培养方案。详见《附件 1：大数据与会计专业人才培养方案——2021 年（修订版）》。

新人才培养方案的结构和特点如表 5 - 10 所示。

表 5 - 10　　　　　　　　　人才培养方案的结构和特点

部分	重点内容	完成指南
介绍	资质名称及代码	确保这是指学生在成功完成专业学习后将获得的实际学位名称
	日期/版本	此处应该清楚地注明规范的日期，并明确曾在或将在何时首次实施。仅用于说明目的：1 月（2022~2023 年 9 月第一次教学）
	专业目的	反映现有的人才培养方案的培养目标——旨在提供有关专业总体目的的高度概括（通常在两到三句话）
	专业目标	基于现有的人才培养方案培养目标和培养规范部分，该部分应明确规定该专业的目标。这些可以很好地作为一份参考列表，确保专业的整体目标清晰简洁。这些也可以细分为一般目标和特定学科目标，使您在了解这些目标后，能够清楚地阐明宏观的、学院层面的目标、属性和品质
	就业和进阶	成功从此专业毕业后，学生应该能够担任哪些预期角色？如果这些根据所选择的选修课程或专业而有所不同，则以表格形式呈现，以确保预期清晰可见。 该证书是否也允许学生进阶大学学习？例如，转读本科专业——如与此类事宜相关，请附上当地大学的具体要求。例如，该证书的持有者将可能有资格进入以下大学修读本科学位，并从本科第三年修读……其他大学也会判断决定是否接受该证书
	学习成果	总体上，学生在成功完成课程后，应当了解该做什么，及是否有能力去做。这些应遵循良好做法的原则（具体的、可行的、可衡量的），并且足够清晰以告知课程设计、教学方法和考核

续表

部分	重点内容	完成指南
专业结构	入学要求	入读所选专业的任何一般学术和语言要求
	修业年限	学年和指导学习或课时的修业年限。 明确在职学生或可快速结业的学生的修读方法
	内容	内容的高度概括。这可以是表格形式，列出课程类型（包括必修或选修）、标题、学分、课时和任何其他相关信息
教与学	教学模式	在此处详细说明可用的教学模式，包括全日制、非全日制和混合学习。如果有实习或工作安排，请提供对此的清晰描述，特别是预期的长度和形式（例如，它是某个学期的全日制实习，还是平时在课堂学习外的实习）
	形成性考核	这是一个简短的声明，期望教师和行业导师能够评估学生的进步，并确定新出现的学习需求，包括使用其他任何常见的教学方法。尽管如此，也应当让教师采用适合不同课程的不同的教学方法，从而确保教师在学习过程中的能动性
	设施和资源	专业教学所需的任何设施和资源，例如特定设备、模拟环境、相关文本等
	对教师的要求	对教师的任何最低专业、学术和教学要求——包括招聘和持续专业发展的要求
考核	考核计划	这里应该列出考核的总体框架或计划，展示通过考核的最低要求，及关键组成部分（如毕业设计和课程）的相对权重，以及与预期学习成果之间的明确联系。有关这一点，可以参考模板 C
	评分、分级和认证	任何总体评分、评分和认证要求，包括如何计算总成绩
专业设置和审查周期	（见指导说明）	在此描述该专业是如何设计开发的，包括在此过程中考虑的任何外部参考和利益相关者。应该与任何校级的要求保持一致，但各个专业的要求有所不同，例如，包括进行的任何特定行业或职业技能分析；参考国家、省级或国际职业标准；和（或）与专业设置相关的任何资格框架级别描述词相符。 还应规定任何审查的频率（根据学科领域）以及工作人员在周期中进行修改时应遵循的任何流程

（2）将专业学习成果映射到其相关课程。在本次提交的《附件2：北京财贸职业学院大数据与会计专业课程考核方式与学习成果映射表——专业层面（修订版）》中包含了我校的公共基础课，大数据与会计专业的专业课，以及该专业需要选修的选修课使映射表格更加完整。并且在本次整改中，我校会计专业在这个映射表中包含了每门课程所占总

学分的比重，也包含了三年学习期间每一年学分所占总学分的比重，其中第一年课程比重为 35.76%、第二年课程比重为 30.30%、第三年课程比重为 33.94%，由此可以看出我校大数据与会计专业课程分布合理。

（3）课程学习成果 LO。针对我校会计专业在编写学习成果 LO 时存在命令性动词使用不当的情况，在收到 UK NARIC 专家的意见后，会计学院组织系主任、专业带头人和各位科目负责教师开会并研讨，最终修订了部分命令性动词，具体情况详见《附件 3：北京财贸职业学院大数据与会计专业课程考核方式与学习成果映射表——课程层面（修订版）》。

（4）考核方案。本次整改，我们根据英方专家的建议重新修订了课程考核方案，取消了考勤等形成性考核方式，具体整改情况详见《附件 3：北京财贸职业学院大数据与会计专业课程考核方式与学习成果映射表——课程层面（修订版）》。

本次整改我们提供了 3 门课程的考核样例。以《财务报表分析》这门课为例，该课程整个学期会包含六次任务作业，现在提供了两名学生的任务二和任务三作为样例供英方专家参考，其中两个任务中的 ppt 为学生对某公司的财务报表分析，并且学生会用该 ppt 在课堂上进行汇报展示。两个任务中还包含了教师评价的截屏。另外，我校还提供了这两名学生该课程的期末总结，总结内容主要包含了《财务报表分析》这门课程的学习思路，学习心得，以及思考方式。同时我们也提供了教师对学生总结的整体评价。这种学习及考核方式将使考核融入到更大的任务中。

（5）选修课。专家提到应考虑该专业如何能够更全面地考虑会计的范围、目的、理论、实践、组织和限制，以及其广泛的应用范围。这将对未来的毕业生有所帮助，使他们能够将自己的技能应用于更广泛的岗位，因为当前自动化的工作越来越多，提出我校选修课较少。我校目前课程设置基本可以涵盖会计的理论与应用方面的知识，在未来我校大数据与会计专业会增加更多选修课，提高学生的综合素养以及就业面向。

（6）教学模式。专家提到应增加学生独立研究和评估的机会，以帮助学生成为未来的自立者和创新者，并促进升读本科学位专业的进展和准备，特别是我校会计专业学生缺乏延伸性写作或复杂分析。因此在本次整改中，大数据与会计专业在《附件3：北京财贸职业学院大数据与会计专业课程考核方式与学习成果映射表——课程层面（修订版）》中增加了考核内容，其中包含了每门课程的各种考核方案，以及每种考核方案的具体内容，很多课程都包含了课上实训、小组作业及课后的 essay，这将会使专家看到会计专业教师在教学过程中是如何训练学生独立思考与研究的。

（7）考核方法。在本次整改中，大数据与会计专业在《附件3：北京财贸职业学院大数据与会计专业课程考核方式与学习成果映射表——课程层面（修订版）》中增加了考核内容，其中包含了每门课程的具体考核形式，以及每种考核的具体内容，很多课程都包含了课上实训、小组作业及课后的 essay，这将会使专家看到我校教师在教学过程中是如何训练学生独立思考与批判性思维。另外，在《附件3：北京财贸职业学院大数据与会计专业课程考核方式与学习成果映射表——课程层面（修订版）》中该专业的所有专业课增加了评分标准，具体阐述了一名学生在学习完某一门科目后具体会达到什么水平，以及该水平所对应的分数等级。修改试卷，确保使用更多延伸性问题和案例研究问题，以测试分析和评估技能，与 RQF 5 级相当。

（8）专业人才培养方案。本次整改中对原有《大数据与会计专业人才培养方案》进行了修订，主要包含以下几个方面：一是考核方案。原来我校大数据与会计专业中的专业课程包括一些形成性考核，例如：出勤、课堂提问和随堂测验等。经过本次整改，我校将此类形成性考核主要用于观察学生的上课参与情况，发现学生实际学习状况，通过这些方式促进学生主动学习并有利于帮助教师及时调整教学方式，但不计入总成绩。二是培养规格（专业学习成果）。我校大数据与会计专业本次整改中对专业学习成果 PLO 进行了修订，并将每门课程与专业学习成果 PLO、课程学习成果 LO 评价标准进行了对标。以上修订内容均得到了教务处的支持与认可。

5.5.4　获得认证

提交了第三次整改报告和补充资料之后，英方进入正式审查流程，以书面报告形式告知评估的最后结果（见图 5 - 4）。

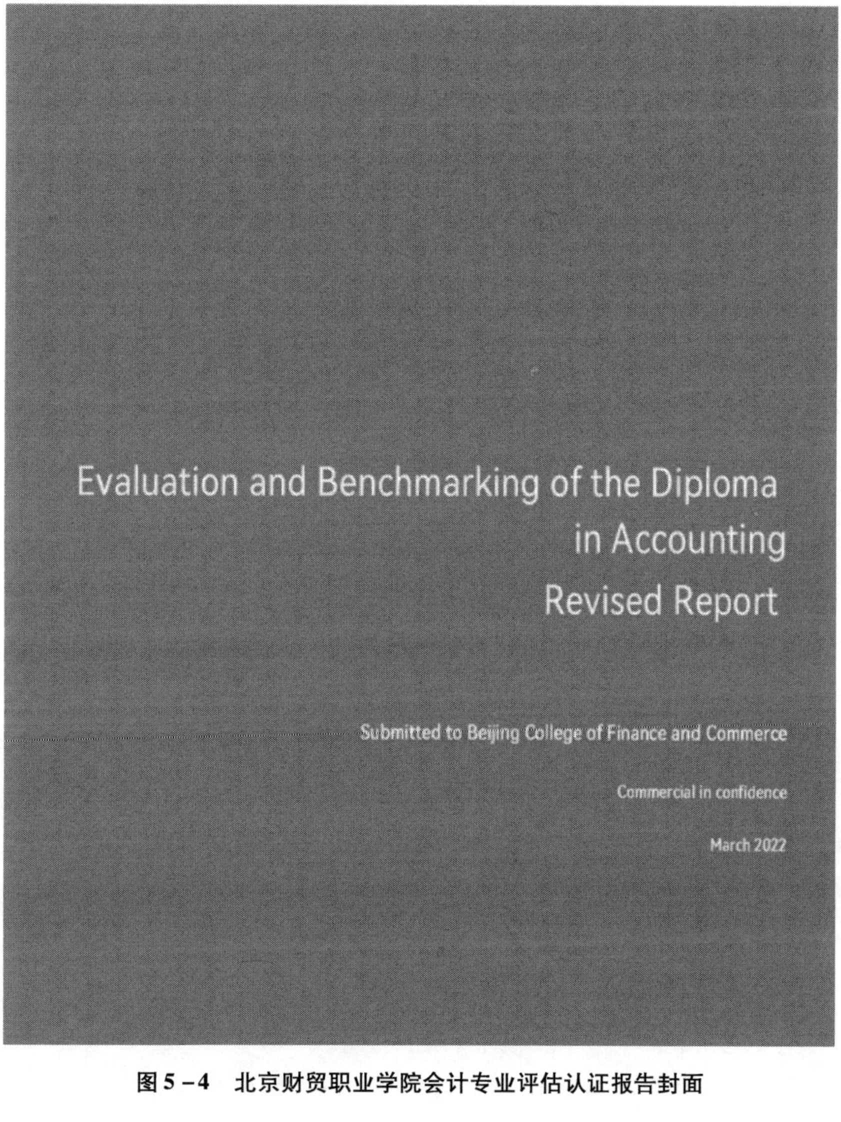

Evaluation and Benchmarking of the Diploma
in Accounting
Revised Report

Submitted to Beijing College of Finance and Commerce

Commercial in confidence

March 2022

图 5−4　北京财贸职业学院会计专业评估认证报告封面

主要研究结果如下：

一、会计专业的目标

主要研究结果：良好做法。

会计专业明确关注就业能力，该专业旨在发展特定学科的知识和技能，以及更广泛的社会和职业属性。

二、资历比较

（一）入学要求和修业年限

主要研究结果：可比性。

会计专业的一般入学要求和总修业年限与英国高等职业教育专业相当。

（二）结构与内容

主要研究结果：可比性与有待发展方面。

会计专业涵盖了一系列主题，并明确、深入地关注当前的就业需求。学科专家建议在接下来的整改阶段应考虑该专业如何能够更全面地考虑会计的范围、目的、理论、实践、组织和限制，以及其广泛的应用范围。这将对未来的毕业生有所帮助，使他们能够将自己的技能应用于更广泛的岗位，因为当前自动化的工作越来越多。

（三）教学模式

主要研究结果：可比性与有待发展方面。

会计专业实现了课堂学习以及顶岗实习的适当平衡，反映学院对就业能力的关注，这与英国同等可比专业类似。由于实践性强，会计专业主要为线下面授课学习而设计；然而，在新冠疫情期间也实施了远程教学，在远程教学中实施了替代性的教学方法。对于教学模式的建议是：增加学生独立研究和评估的机会，以帮助学生成为未来的自立者和创新者，并促进升读本科学位专业的进展和准备。

（四）学习成果

主要研究结果：可比性与有待发展方面。

学习成果在专业层面和课程层面都有详细说明。某些成果需要修改以使其更加具体、可行和可衡量——尽可能避免使用"掌握"之类的术语，并应该更明确地提及 RQF 5 级中的分析和批判性思维技能。这将有助于加强专业的国际可比性，并按照基于成果的设计原则加强专业的总体设置，从而为考核提供更坚实的基础。

（五）考核方法

主要研究结果：良好做法。

会计专业使用一系列考核方法，明确侧重于测试学生的实践技能，从而与该专业旨在培养具有职业技能的毕业生的目标保持一致。

（六）相关成果

主要研究结果：可比性。

会计专业与英国的 4 级专业有类似进阶路线，在英国，4 级专业毕业生继续深造两年将获得学士学位（前提是通过入学考试）；但如果学院结合更多独立性研究可能会为那些希望升读国际进阶专业的学生提供支持。

三、质量保障标准

（一）招生录取

主要研究结果：良好做法。

具有预先定义和公开的招生录取政策，规定了与大专文凭所处等级相适应的入学等级，从而确保即将入学的学生为该等级的专业课程做好适当的准备。

（二）专业设置、备案审批、监督审查

主要研究结果：良好做法。

专业的设置和发展有明确的流程，并且已经落实广泛的政策，以对专业进行定期审查。显然，行业专家参与了专业审查和设置。

（三）教学

主要研究结果：良好做法。

具有既定体系来监督教学方法和教师队伍的质量，包括监督、学生和同行反馈。质量标准也落实到位，以监督教学资源和在线授课，确立了对教师的要求。

（四）考核

主要研究结果：良好做法。

为组织和管理考试制定了明确和详细的政策。明确阐述了开展考试和考试监考的政策。

有待发展方面：应制定详细的考核发展政策，包括考核设置和考试前后的管理政策。在课程层面，应审查考核方法，以确保为更高的批判性思维技能提供可靠的考核。

（五）信息

学院已经形成了 2021～2022 学年全校统一的质量保障手册。手册内容从预期用途（定义为基本原则）开始，并有关于内部和外部质量保障的明确章节。

对于专业设置、备案审批、监督审查，明确规定了工作职责，以区分二级学院和学校的任务。在教学和学习方面，明确规定了通用的招聘标准；规定了所有教师应满足的培训和持续专业发展要求；并对教师监督与评价的过程和机制进行了描述。制定了适用于所有专业的通用考核设置和管理流程；并描述了考核前的审查过程。对避免试题重复率的问题也制定了相关规定。还规定了重考和学生成绩复核的流程。

这个文件是充分的、适合本目的的。

四、可比性总结与建议

（一）良好做法

总之，在对会计专业的审查中，观察到该专业有许多优势，并为学生们提供了良好的实践机会。值得注意的是，该专业：

（1）高度重视就业能力，以满足省（市）内劳动力市场的需求，同时确保明确的国际前景。

（2）在疫情期间确保了清晰的学习连续性，并纳入了一些有效的学习模式，特别是与当地用人单位建立联系。

（3）丰富的实践内容，帮助学生在实际商业环境中应用理论、思想和技术。

（4）制定了一系列在课程层面与考核目标密切相关并且含有明确考核方案的考核方法。

（5）为设计、发展和定期审查本专业制定了明确的流程。

（6）建立了教师质量监督体系。

（二）专业可比性

主要研究结果：可比性。

会计专业具有 RQF 4 级和 5 级的明显特征。若要与 RQF 5 级相当，则需要加强学习成果和考核，以便更加重视分析和评估能力。

2021 年 11 月，UK NARIC 总部评估认证小组发来邮件，正式确认北京财贸职业学院会计专业和金融管理专业达到国际质量标准，是中国首批认证的 20 所双高校里面，第一个获得全球权威机构英国规范资历框架 RQF 和欧洲自立框架 EQF5 级资质的学校和专业。2022 年 12 月 8 日，北京财贸职业学院召开 UK NARIC 国际专业标准评估认证成果发布会，并颁发证书。证书如图 5 - 5、图 5 - 6 所示：

Ecctis
formerly UK NARIC

Ecctis certifies that the

Beijing College of Finance and Commerce
Diploma in Accounting

has been successfully benchmarked by Ecctis
and has been found to be comparable to:

European Qualifications Framework (EQF)
Level 5
and

Regulated Qualifications Framework (RQF)
Level 5

Valid from:　December 2021
Until:　　　December 2026

Dr Cloud Bai-Yun
Ecctis Chief Executive Officer

Certificate
of
International
Comparability
Ecctis

图 5 - 5　北京财贸职业学院会计专业大专文凭与欧洲资历框架和
英国资历框架可比性水平对标证书

Ecctis
formerly UK NARIC

Ecctis certifies that the

Beijing College of Finance and Commerce
Diploma in Accounting

has been successfully
benchmarked and reviewed by Ecctis
and its policies and processes have been found to align
with international quality standards

Valid from: December 2021
Until: December 2026

Dr Cloud Bai-Yun
Ecctis Chief Executive Officer

Certificate
of
International
Standards
Ecctis

图 5 - 6　北京财贸职业学院会计专业大专文凭达到国际质量标准证书

5.6　会计专业 UK NARIC 认证小结

5.6.1　认证是一个系统工程

UK NARIC 已形成一套比较健全的认证流程。不仅关注输入，而且重视产出。认证程序主要聚焦于输入、过程或输出等环节。输入包括整体基础设施，例如互联网、图书馆资源和人力资源，以及财务安排和生存发展能力、行政治理能力等。输入维度还包括，例如师资、项目资源的投入，课程的设计和内容，还关注教学过程，输出是认证结果，如毕业生能力和就业能力等。

本研究以 UK NARIC 认证标准为研究框架，涉及招生录取、教学保障、学生服务与支持、就业等人才培养质量的多个方面，形成内在一致的指导理念和逻辑关系，研究内容具有完备性、系统性、科学性。

5.6.2　以学习成果为核心

国际专业标准的制定核心是学习成果（Learning Outcomes，LO）。学习成果是指学习者在完成一阶段学习后，所被期望了解、理解并向他人展示的内容的陈述。UK NARIC 认证体系以学习成果为核心，建立两级学习成果：专业学习成果 PLO 和课程学习成果 LO，通过命令性动词/指令性动词的准确使用，精准清晰地描述课程的学习成果。这些应遵循良好实践的原则：具体的（specific）、可行的（feasible）、可衡量的（Measurable）。

5.6.3　以学生为中心

UK NARIC 认证内容均体现了以学生为中心的重要特点。认证内容紧密围绕学生培养，关注是否有利于学生达成培养目标，课程设置关注课程内容能否有助于学生实现预期学习成果；师资队伍关注师资能否保障课程有效实施；教学服务与设施关注其是否能够满足学生学习的各种需求。认证内容以学生学业成就为重点，关注学生"学"得怎么样而非教师"教"得怎么样。[32]

5.6.4 构建科学系统的教学质量保障系统

围绕人才培养的全过程，UK NARIC 要求建立一整套行之有效的质量保障体系，使质量保障常态化，从而促进人才培养质量的不断提高。

5.6.5 提倡"质量持续改进与提高"

UK NARIC 专业认证的特点之一是认证结果不是终结，不仅关注被认证专业的现状，而是以整改和发展为目标，重视持续改进机制的建立，并使这些机制真正落到实处，促进可持续发展。

形成跟踪反馈和持续改进的教学管理机制，建立持续的以理论教学、实践教学、人文科学素质培养目标达成度为核心内容的内部跟踪反馈机制，构建以毕业生职业发展及社会评价为核心内容的外部跟踪调查循环机制，将全部信息反馈到决策层，使之成为专业建设持续改进和提高的重要参考依据。通过跟踪反馈持续改进和提升专业教育质量理念的建立，形成"政、校、企"全员参与、全程评价的质量管理与保障机制。

第 **6** 章

结论与展望

认证是一个系统工程，UK NARIC 认证标准涉及招生录取、教学保障、学生服务与支持、就业等人才培养质量的多个方面，形成内在一致的指导理念和逻辑关系；UK NARIC 认证以学习成果为核心，以学生为中心，构建科学系统的教学质量保障系统，提倡"质量持续改进与提高"。

6.1 结　　论

6.1.1　收获

专业认证是发达国家对高等教育进行专业评价的基本方式，更是目前我国高职院校参与制定职业教育的国际标准，建成具有国际先进水平的中国职业教育标准体系的有力抓手。本研究首先分析在国家职业教育的宏观背景下，高职院校开展国际专业认证的必要性和重要性，然后梳理我国高职院校专业认证的发展现状，运用布鲁姆教育目标分类理论和职业能力发展阶段理论，对专业评估认证要素展开理论和实证研究。最后以 UK NARIC 评估认证流程为线索，研究北京财贸职业学院会计专业认证的具体实践和成功案例，为国内双高院校成功认证提供标准范式。通过 UK NARIC 国际认证研究，为推进双高院校高水平专业群建设，深化双高院校教育教学改革，促进双高院校国际化内涵建设产生极其深远的影响。

1. 理解国际学历学位核心内容

UK NARIC 英国国家学位评估认证机构是英国官方指定的唯一的全球学历学位评估认证机构，全球首家在世界范围内开展针对国际教育体系和学历学位认证与评估工作的机构。被视为行业的先驱和领导者，是世界领先的国际教育、学历学位及技术技能评估机构之一。目前 UK NARIC 已经发展成为全球最权威的第三方认证机构。UK NARIC 认证内容主要包括学历学位的核心内容（core contents of education and qualification）和五项质量标准（quality standards）评估认证。学历学位的核心内容包括：入学要求（Admission Requirements）；修业年限（Length of Schooling）；结构与内容（Structure and Contents）；学习成果（Learning Outcome）；教学模式（Teaching Mode）；考核方法（Assessment Method）；相关成果（Relevant Results）。五项质量标准包括：招生录取（Enrollment and Admission）；专业设置、备案审批、监督审查（Major Setup，Filing and Approval，Supervision and Review）；教与学（Learning and Teaching）；考核（Assessment）；信息（Information）。

2. 国际认证是职业教育内涵建设的有效手段

高职院校内涵建设的核心在于人才培养定位，通过专业、课程、师资队伍、教学环境等内涵要素的建设与提高，以实现学校规模、结构、质量协调持续发展。专业国际认证对高职院校的人才培养、教育教学、质量监控等方面的工作都提出了明确的要求和标准，是提高高职院校教育教学质量的重要手段。随着全球化趋势的不断升级，国际评估认证成为当前院校提升本校综合实力的主要途径。通过高等职业教育国际专业认证，对于高等职业学校准确把握培养目标和规格，科学制定人才培养方案，深化教育教学改革，提高人才培养质量可以起到重要的指导作用。

3. 国际认证是职业教育"走出去"的重要渠道

推动职业教育"走出去"是职业教育发展的必然选择,开展国际专业认证是职业教育"走出去"的重要渠道,是顺应经济社会变革、培养国际化人才的重要手段。世界经济一体化驱动教育国际化,开发具有国际化水平的、与国际对接的职业教育标准与模式,对于参与全球教育治理,推进教育服务国际化,提升职业教育质量内涵,完善职业教育标准体系和结构,具有重要的现实意义。随着大数据、云计算、人工智能、区块链、虚拟现实等技术的迭代更新,数字化等新业态、新模式正在快速发展,未来的技术革命将给客户带来全新的、更深层次的体验。在全球化背景下,会计作为商业的语言,更要结合国际标准打造,形成具有中国特色的、"国际性"与"本土化"、"先进性"与"适用性"有机统一的国际化模式,并积极参与全球教育治理,为经济全球化发展提供高质量的智力支持。[33]

6.1.2　反思

1. 认证目的

通过评估认证,首先确定了中国高职院校会计专业大专文凭在英国资历框架(RQF,英国使用的关键框架)以及延伸至欧洲资历框架(EQF)方面相应的学术地位。迄今为止,共有 352 个国家/地区将其国家教育体系与欧洲资历框架相参照。认证第二个目的是评估学院基础质量保障流程符合基本国际质量标准的程度,即:招生录取、专业设置、备案审批、监督审查、教与学、考核、信息。

2. 发现优势

与英国相比,中国高职人才培养具备完整的学科体系,课程内容完备,学习难度较大;中方院校师资水平较高,并且院校对师资有持续的支持和发展策略；实训条件国际领先，并且与时代前沿紧密相连；这都得益于近些年来国家对职业教育强有力的政策支持和经费支持。

3. 发现差距

在以学生为中心的理念上，中方院校还有很大差距；与英国等西方国家相比，学习成果描述笼统、模糊，无法衡量，可操作性不够；考核方案缺乏科学性，缺乏与学习成果的一一映射关系；教学模式和考核方案缺乏对学生分析、评价、评判性思维的训练；在整个考核和教学过程中，缺乏延伸性写作或复杂分析。

4. 学生受益

中方院校学生是认证最大的受益群体。通过认证，提高了中方教学质量；同时，中方院校毕业生可无缝对接英国和欧盟等国外大学，所有课程互认学分，方便学生继续深造本科和硕士，极大节约学习时间和学习费用；而且为学生海外就业提供了便利。

6.1.3 启示

1. 提升会计教学质量，助力会计专业升级

高等职业教育在推动产业结构调整，提高劳动者素质，促进就业等方面发挥积极作用。职业教育质量的水平直接影响产业的发展水平。现阶段，我国高职院校的发展已经进入内涵式建设、质量提升的关键阶段。UK NARIC 国际认证注重教育质量，重视持续改进，重视教育质量提升机制。特别是作为双高院校、双高建设专业，会计专业必须努力提高教育教学质量，突出财经职业教育特色，增强在国际教育领域的竞争力与话语权，实现专业建设达到国际先进水平，人才培养实现实质对等。

2. 突出财经办学特色，打造"立信"会计品牌

UK NARIC 国际认证倡导个性发展，在专业设置、培养方案制定、课程体系设置、师资队伍建设、科学研究、资源建设等各方面彰显特色。"立信会计"是中国现代"会计之父""会计泰斗"，著名的会计教育家潘序伦先生创立的具有国际影响力的会计品牌。立信会计学院秉承潘序伦先生"信以立志、信以守身、信以处事、信以待人、毋忘立信、当必有成"的育人理念和"学验并重、校企合作"的办学模式，坚持"以就业为导向"的现代职业教育思想。会计学院作为"立信"品牌的传承者，应该充分突出"立信"办学特色，努力打造"立信会计"专业品牌，助力双高院校在竞争中展现优势，打造核心竞争力。培养更多高素质技术技能人才、能工巧匠、大国工匠。

3. 紧密围绕产业需求，深化产教融合

产教融合是衡量职业教育改革成效的重要标志，是实现教育链、产业链、供应链、人才链与价值链有机衔接的重要举措。UK NARIC 国际认证重视师生、雇主、校友等利益相关者在院校建设中的参与，提倡利益相关者在教育的各环节中给予建议和反馈。通过毕业生反馈、用人单位反馈，不断提升人才培养方案制定的合理性与科学性，提高学生的归属感，有效提高人才培养质量。而行业、企业、雇主、学生等利益相关者的共同加入，有助于高职院校深化产教融合。今后，会计专业建设应更多关注产业发展、行业发展、学生发展，邀请更多利益相关者广泛参与职业教育，使市场需求渗透到会计高等职业教育体系的每个环节。

4. 参照国际标准，建立具有中国特色的高等职业教育专业认证体系

高职教育的专业认证和专业建设是长期而复杂的系统工程。目前职业教育基本是借鉴发达国家专业认证的体系，还没有形成自己的特色。接下来，我们要充分借鉴 UK NARIC 认证标准，构建中国特色的专业认证体系，推广输出中国标准，更好地推进"一带一路"倡议实施。

6.2 展　望

6.2.1 局限

1. 研究面的局限性

发达国家在高等教育专业认证方面的经验值得我们学习借鉴，而新兴发展中国家的一些成功经验，也有很多值得我们借鉴，但是每个国家的政治、经济、发展环境以及所面临的发展机遇和挑战各不相同，不能直接照搬照抄。受研究水平和时间所限，本研究只限于英国 UK NARIC 研究，过于狭窄。这是本研究的一个局限。

2. 如何实现效能转化研究不够

专业认证最终是要把国际标准转化到学校的专业标准中，专业认证过程中在沟通共识、标准对接、整改推进、质量保障、学校治理、政府职能发挥等环节如何效能转化的一般规律，需要进一步探索。

3. 微观研究不够深入

本研究侧重点是在战略管理的角度，对 UK NARIC 专业评估认证要素展开理论和实证研究。宏观理念的探讨多于微观。专业认证需要落实到专业人才培养方案的制定、课程标准的制定、课程内容的设计、考核方案的设计以及专业课程、通识课程的讲授。从微观角度研究高职专业教育的课程内容、教学方法、组织方式等，才能真正有助于我国高职院校改进教学内容，改善教学方法，提高人才培养质量，真正实现实质等效。这将是下一步研究的计划。

6.2.2 展望

我们以 UK NARIC 等级框架作为国际转换机制，与英国资历框架、欧洲资历框架（EQF）和/或其他相关国际资历框架相比较，确定会计学历学位在学术上的相对地位；就学历学位的核心内容（如入学要求、课程设置、考核办法、学习成果）与最佳实践案例进行比较；评估会计学历学位与 UK NARIC 等级框架质量标准的符合程度。

未来，我们将充分借鉴 UK NARIC 认证核心理念，与国际标准接轨，并结合我国国情，开发我国高等职业教育专业认证标准和内容；同时，积极开展国际交流与合作，学习国际认证程序和方法，研究国际认证经验和规律，为我国高等职业教育专业认证体系的构建和走向世界保驾护航。

通过专业评估认证，我们充满自信，我们看到了中国高职院校的优势。专业标准获得国际标准的认可，在国际舞台上有了一席之地，同时，我们也看到了与国外发达国家的诸多差异，更重要的是我们找到了差距。在未来，全国的高职院校应携手并肩，不断整改、不断提升，建立中国标准，输出中国智慧，在国际职教舞台上发出中国最强音。

附件 1:

附　录

大数据与会计专业人才培养方案——2021 年（修订版）

部分	重点内容	完成指南
介绍	资质名称及代码	大数据与会计 530302
	日期/版本	2021 年 5 月/2021 版
	专业目的	本专业请培养理想信念坚定，德、智、体、美、劳全面发展，具有一定的科学文化水平，具备"家国情怀、职业素养、工匠精神"，有较强的创新精神，就业能力和可持续发展能力，面向出纳、会计、财务管理、审计助理、智能财务等岗位，审计相关岗位，适应会计及相关工作要求，"不做假账、不做错账"，熟悉会计准则和单位会计制度，"懂技术、精核算、通税法、擅理财、长分析"的高素质、复合型技术技能人才
	专业目标	第一年：了解企业和行政事业单位经济业务的内容以及简单经济业务的会计核算，并编制财务报表。操作 Windows，Word，Excel 等软件。了解税收基本理论及税法基础知识，如增值税、消费税、企业所得税的概念和计算。了解会计工作的职业道德。 第二年：理解并应用《企业会计准则》中的一般审计准则以及对复杂经济业务进行会计核算；计算产品成本并编制成本报表；按照审计准则要求实施审计程序并做出客观公允的职业判断。运用智能会计数据的采集方法；通过 Excel 完成会计核算基本处理；操作会计信息系统财务系统和供应链系统。理解和有效应用财务会计和财务管理核心知识和原则，客观思辨的评价企业财务管理活动。掌握并理解个人所得税及其他税种的计算各税种的计税依据及应纳税额。 第三年：能够综合处理不同行业企业真实业务，并在企业实践中承担具体会计岗位工作，解决实际问题。通过企业模拟运营等课程理解企业业务与管理流程及企业战略之间的关系；理解影响企业的市场因素和管理因素。展示在会计和管理领域深度的专业知识和专业技能，发展批判性思维，解决问题和独立学习的基本方法。熟练掌握涉税筹划的基本方法

续表

部分	重点内容	完成指南		
		序号	岗位（群）	岗位（群）业务描述
介绍	就业和进阶	1	出纳岗位	1. 办理现金、银行存款收付业务； 2. 编制记账凭证； 3. 及时序时登记现金、银行存款日记账等
		2	会计岗位	1. 掌握会计软件及其他信息工具的使用； 2. 完成企业日常经营业务的会计核算； 3. 税和计算申报缴纳
		3	财务管理岗位	1. 完成企业财务分析工作； 2. 协助完成企业经营分析工作； 3. 协助完成企业筹资管理、投资管理等工作
		4	审计助理岗位	1. 收集审计证据； 2. 编制与整理审计工作底稿； 3. 运用规范格式撰写审计报告初稿，协助注册会计师完成有关审计工作
		5	财务共享岗位	1. 共享业务流程设计； 2. 共享中心财务单据扫描与审核工作
		6	智能财务岗位	1. 梳理业务需求； 2. 运用信息工具收集信息； 3. 完成可视化分析并编制分析报告

续表

部分	重点内容	完成指南
介绍	就业和进阶	我校大数据与会计专业学生毕业后有四种途径升入本科学校；第一种途径是专升本考试升入北京联合大学攻读本科；第二种途径是在我校完成三年大专学习后直接升入北京物资学院攻读本科；第三种途径是该专业学生毕业后参加北京市专升本考试升入北京联合大学攻读本科；第三种途径是我校通过合作办学与海外院校的合作办学项目升入国外本科院校校学习。以上三种途径校后均从大学三年级开始学习。第四种途径是该专业毕业学生参加自学考试并完成相关课程后取得本科学位，主要院校包括北京理工大学和对外经济贸易大学
	学习成果	PLO1：坚定拥护中国共产党领导，在习近平新时代中国特色社会主义思想指引下，践行社会主义核心价值观，具有深厚的爱国情感和中华民族自豪感； PLO2：崇尚宪法、遵纪守法、崇德向善、诚实守信、尊重生命、热爱劳动，履行道德准则和行为规范，具有社会责任感和社会参与意识； PLO3：促进自主性、责任感，与他人合作和在商业环境中的道德行为； PLO4：具备必要的思想政治理论、科学文化基础知识和中华优秀传统文化知识； PLO5：理解会计学科的基础理论知识，有效应用财政部《企业会计准则》的工作知识，核算企业简单经济业务并编制财务报表，展示会计文化、法律和道德的相关知识； PLO6：在商业环境中，使用书面、口头和图形方式，对结果进行有效的沟通；展示本专业必需的信息技术解决实际问题；使用办公软件、会计软件、审计软件及本专业必需的信息技术条件下进行会计核算，进行会计计量和报告，进行规范申报，进行会计信息的处理、分类、分析、输出，制订小微企业融投资及营运方案，并思辨性评价企业各种决策； PLO7：深入理解会计核算的知识和技能，在模拟的工作条件下进行会计核算，计量和报告，熟练进行会计凭证的填制与编制、账簿登记以及报表编制； PLO8：提供税法相关知识，并处理涉税事务，计算各种税费，进行基本的纳税筹划和纳税风险控制；展示社会责任和社会参与意识； PLO9：理解和有效应用财务管理及管理会计知识，展示财务、业务信息的处理及评价审计工作； PLO10：按照审计准则实施审计程序，做出客观公正的职业判断并评价审计工作； PLO11：具备大数据技能及知识，展示运用信息工具对大数据深度专业知识和技能，整理和分析的智能财务决策，展示共享业务处理财务机器人应用； PLO12：在实际工作环境中展示会计和商业领域深度专业领域技能，承担具体会计岗位，商业、咨询业、真实业务，报告并评价会计工作，并能对工作进行反思； PLO13：具备探究式学习，独立学习能力，根据相关主题进行信息的搜集、整理、分析和表达，并能整合论据和论点，进行批判式评价

续表

部分	重点内容	完成指南
专业结构	入学要求	我校会计专业有自主招生、单考单招和统招三种招生录取渠道 （一）自主招生入学 我校会计专业的生源主要包括普通高级中学毕业、中等职业学校毕业或具备同等学历学生。学生需通过初试的筛选，而后参加面试。考试成绩（满分750分）＝初试成绩（占30%）＋面试成绩（占70%）。 1. 我校重视学生在高中和中职时的学业表现。如果他们在过去的学习经历中取得了突出的成绩，可以直接进入我校相关专业进行学习，免予考试。免试入学条件（具备以下条件之一的考生，经考生本人申请，北京财贸职业学院招生工作领导小组认定，免试入学）包括： （1）高中或中职阶段获特区（县）级以上三好学生、优秀学生干部、市级以上政府奖学金获誉者的考生； （2）高中或中职阶段在区（县）级以上相关技能大赛获得三等奖以上的考生； （3）高中会考成绩语文、数学、英语三科均为B级以上的考生； （4）中职阶段获得国家职业资格证书中级资格以上的考生。 2. 艺术特长生：凡具有乐器演奏（二胡、古筝、扬琴、琵琶、中阮、笛子、钢琴、大提琴、低音贝斯、打击乐等），舞蹈表演（民族民间舞、古典舞、现代舞等），声乐演唱和戏剧表演方面艺术特长的考生，经艺术特长生考生，由北京财贸职业学院招生工作领导小组认定后，签署继续培养和发展协议，总评成绩加20分。根据相关文件精神，对北京户籍退役士兵给予政策性照顾，总评成绩加10分。 3. 符合以下条件的考生可以免初试，直接进入面试。 （1）中职阶段获得国家职业资格证书或技能等级证书初级资格的考生； （2）高中或中职阶段在区级以上技能大赛或职业技能大赛获奖的考生； （3）应届高中毕业生学业水平测试成绩英语、数学、外语均合格的考生； （4）往届高中会考成绩语文、数学、外语有一科在C级，另外两科在C级及以上的考生； （5）获得国家二级以上运动员等级证书的考生。 4. 不符合免试条件的考生需要参加初试。初试考察能力从：语文、数学、英语（俄语或其他外语）测试，"专业技能与潜质"测试，"人文素养与艺术"测试三方面考察学生。面试则根据报考专业特点及要求，从"基本素质、职业素质、职业素养和专业潜质"测试。学校对取得招生专业相应等级证书进行认定、认定合格者可以免试专业课。 （二）单考单招入学 单考单招面向参加北京市2017年高考单招报名的考生。学生是参加全国普通高等学校统一考试的应、往届普通高中毕业生，按照考生是参加高考报名的考生，河北参加高考报名的考生，不符合录取条件者办理手续。 （三）统招入学 高职统招面向北京、河北参加高考报名的考生，直辖市招生主管部门根据录取分数线进行录取生所在省、自治区，全部全日制学生
	修业年限	我校该专业学制为三年，全部全日制学生

续表

部分	重点内容											完成指南												
	内容								专业学习成果考核（PLO：专业学习成果）															
专业结构		序号	课程名称	学分	权重	必修/选修	备注	PLO1	PLO2	PLO3	PLO4	PLO5	PLO6	PLO7	PLO8	PLO9	PLO10	PLO11	PLO12	PLO13
		第一年																		
		1	毛泽东思想和中国特色社会主义理论体系概论	3.00	1.82%	必修	—	√	√	√	√									
		2	习近平新时代中国特色社会主义思想概论	2.00	1.21%	必修	—	√	√	√	√									
		3	思想道德与法治	3.00	1.82%	必修	—	√	√	√	√									
		4	形势与政策（一）形势与政策（二）	1.00	0.61%	必修	—	√	√	√	√									
		5	大学语文	4.00	2.42%	必修	—	√	√	√	√		√							
		6	应用数学	4.00	2.42%	必修	—	√	√	√									√	
		7	实用英语（一）实用英语（二）	8.00	4.85%	必修	—	√	√	√	√								√	√

续表

序号	课程名称	学分	权重	必修/选修	备注	PLO01	PLO02	PLO03	PLO04	PLO05	PLO06	PLO07	PLO08	PLO09	PLO10	PLO11	PLO12	PLO13
						专业学习成果考核（PLO：专业学习成果）												
8	信息技术应用	3.00	1.82%	必修	—	√	√	√			√							
9	体育（一）体育（二）	3.00	1.82%	必修	—	√	√	√	√									
10	军事理论	2.00	1.21%	必修	—	√	√	√										
11	大学生心理健康教育	2.00	1.21%	必修	—	√	√	√										
12	创新创业基础训练	2.00	1.21%	必修	—	√	√	√			√							
13	财贸素养教育（一）财贸素养教育（二）	2.00	1.21%	必修	—	√	√	√	√									
14	安全教育	2.00	1.21%	必修	—	√	√	√										
15	军事技能	2.00	1.21%	必修	—	√	√	√										
16	劳动教育（一）劳动教育（二）	2.00	1.21%	必修	—	√	√	√										
17	会计基础	4.50	2.73%	必修	—	√	√	√		√								
18	纳税实务（一）	3.00	1.82%	必修	—	√	√	√										

部分：专业结构　　重点内容：内容　　完成指南

续表

续表

完成指南

部分	重点内容		序号	课程名称	学分	权重	必修/选修	备注	专业学习成果考核（PLO：专业学习成果）												
									PLO1	PLO2	PLO3	PLO4	PLO5	PLO6	PLO7	PLO8	PLO9	PLO10	PLO11	PLO12	PLO13
专业结构	内容		19	初级会计实务（一）	3.50	2.12%	必修	一	√	√	√				√						
			20	行政事业单位会计实务	2.00	1.21%	选修	三门中任选一门	√	√	√		√								
			21	企业涉税风险分析					√	√	√					√					
			22	商务展示与汇报					√	√	√			√							
				第一年合计	58.00	35.15%															
			第二年																		
			23	形势与政策（三）形势与政策（四）	1.00	0.61%	必修	一	√	√	√	√									
			24	体育（三）体育（四）	3.00	1.82%	必修	一	√	√	√	√									
			25	大学生社会实践	1.00	0.61%	必修	一	√	√	√	√								√	
			26	财贸素养教育（三）财贸素养教育（四）	2.00	1.21%	必修	一	√	√	√	√									√

续表

续表

部分	重点内容	序号	课程名称	学分	权重	必修/选修	备注	PLO01	PLO02	PLO03	PLO04	PLO05	PLO06	PLO07	PLO08	PLO09	PLO010	PLO011	PLO012	PLO013
专业结构	内容	27	劳动教育（三）劳动教育（四）	2.00	1.21%	必修	—	√	√	√									√	
		28	立信会计文化	2.00	1.21%	必修	—	√	√	√										
		29	财经相关法规	3.00	1.82%	必修	—	√	√	√	√				√				√	
		30	智能会计数据采集与应用	2.00	1.21%	必修	—	√	√	√								√		
		31	Excel在会计中的应用	2.00	1.21%	必修	—	√	√	√								√		
		32	会计英语	2.00	1.21%	必修	—	√	√	√			√	√						
		33	纳税实务（二）	3.00	1.82%	必修	—	√	√	√					√					
		34	初级会计实务（二）	3.50	2.12%	必修	—	√	√	√				√						
		35	成本会计实务	4.00	2.42%	必修	—	√	√	√				√		√				
		36	财务管理实务	4.00	2.42%	必修	—	√	√	√						√				
		37	财务报表分析	2.00	1.21%	必修	—	√	√	√			√			√			√	√

专业学习成果考核（PLO：专业学习成果）

完成指南

续表

续表

部分	重点内容	序号	课程名称	学分	权重	必修/选修	备注	PLO01	PLO02	PLO03	PLO04	PLO05	PLO06	PLO07	PLO08	PLO09	PLO10	PLO11	PLO12	PLO13
								完成指南			专业学习成果考核（PLO：专业学习成果）									
专业结构	内容	38	会计信息系统应用（一）	2.50	1.52%	必修	一	√	√	√				√					√	
		39	会计信息系统应用（二）	2.50	1.52%	必修	一	√	√	√				√					√	
		40	财务报表审计（一）	2.50	1.52%	必修	一	√	√	√							√		√	√
		41	企业模拟经营对抗	2.00	1.21%	必修	一	√	√	√						√				
		42	中级会计实务	3.00	1.82%	选修	三门中任选一门	√	√	√				√					√	
		43	纳税会计与申报实务					√	√	√					√					
		44	财务建模与可视化					√	√	√						√		√		
		45	预算管理	2.00	1.21%	选修	三门中任选一门	√	√	√			√							
		46	税收筹划					√	√	√					√				√	
		47	财务共享业务处理					√	√	√								√		
			第二年合计	51.00	30.91%															

续表

部分	重点内容	序号	课程名称	学分	权重	必修/选修	备注	PLO01	PLO02	PLO03	PLO04	PLO05	PLO06	PLO07	PLO08	PLO09	PLO10	PLO11	PLO12	PLO13
								完成指南 专业学习成果考核（PLO：专业学习成果）												
		第三年																		
专业结构	内容	48	体育（五）	1.00	0.61%	必修	—	√	√	√	√								√	√
		49	职业发展与就业指导	1.00	0.61%	必修	—	√	√	√	√								√	√
		50	财贸教育（五）	1.00	0.61%	必修	—	√	√	√	√								√	
		51	劳动教育（五）	1.00	0.61%	必修	—	√	√	√										
		52	财务报表审计（二）	2.00	1.21%	必修	—	√	√	√	√						√			√
		53	管理会计	2.00	1.21%	必修	—	√	√	√						√				
		54	会计岗位综合实训	5.00	3.03%	必修	—	√	√	√	√								√	√
		55	顶岗实习	16.00	9.70%	必修	—	√	√	√	√							√	√	√
		56	毕业设计	8.00	4.85%	必修	—	√	√	√	√							√	√	√
		57	中国服务系列课程	4.00	2.42%	选修	三个系列中任选一个系列													
		58	文化赋能系列课程																	
		59	技术赋能系列课程																	

续表

续表

部分	重点内容	序号	课程名称	学分	权重	必修/选修	备注	PLO1	PLO2	PLO3	PLO4	PLO5	PLO6	PLO7	PLO8	PLO9	PLO10	PLO11	PLO12	PLO13
								专业学习成果考核（PLO：专业学习成果）												
专业结构	内容	60	马克思主义理论类																	
		61	党史国史类																	
		62	人文艺术类																	
		63	自然科学类	2.00	1.21%	选修	七类中任选													
		64	学习力补偿类																	
		65	体育健康类																	
		66	美育类																	
		67	会计工厂项目实训				三门中任选一门	✓	✓	✓		✓		✓						
		68	企业所得税汇算清缴	3.00	1.82%	选修		✓	✓	✓					✓					
		69	财务机器人应用与开发					✓	✓	✓								✓	✓	✓

完成指南

续表

部分	重点内容		完成指南																		
								续表													
									专业学习成果考核（PLO：专业学习成果）												
		序号	课程名称	学分	权重	必修/选修	备注	PLO01	PLO02	PLO03	PLO04	PLO05	PLO06	PLO07	PLO08	PLO09	PLO010	PLO011	PLO012	PLO013
专业结构	内容	70	X证书模块课				任选一模块	√	√	√										
		71	辅修专业模块课					√	√	√				√				√		√
		72	技能大赛模块课	10.00	6.06%	选修		√	√	√				√				√	√	√
		73	双创教育模块课					√	√	√				√				√	√	√
		74	精益技能模块课					√	√	√				√					√	√
			第三年合计	56.00	33.94%															
			总学分	165	100%															

| 教与学 | 教学模式 | 大数据与会计专业三年的课程主要由理论课、实训课和实习构成。
（一）理论课
理论课主要以为学生打牢会计理论基础为目标，所以理论课主要采用传统教学模式，其中教师讲解占70%的课上时间，学生互动占30%的课上时间。
（二）实训课
实训课程以培养学生会计实际操作技能为宗旨，所以实训课主要采用讲练结合的授课方式，其中教师在课上讲课的时间约占总课时的50%，学生在课上操作的时间约占总课时的50%。
（三）实习
因为会计学科的自身特点，除必要的会计理论知识学习外，学生参加实习是该专业学习的必要环节，所以我校组织该专业每名学生会在第5学期第12周及第6学期整个学期参加顶岗实习。我校会为每位学生配备3位指导教师，分别是该学生的专业指导教师、校内专业教师、校内德育教师（辅导员）。三位导师会在实习过程中从企业、校内两重角度为学生指导实习工作。 |

续表

部分	重点内容	完成指南
教学	形成性考核	我校大数据与会计专业中的专业课程包括一些形成性考核，考核主要用于观察学生的上课参与情况，发现学生实际学习状况，例如：出勤、课堂提问和随堂测验等。通过这些方式促进学生主动学习并有利于帮助教师及时调整教学方式，但不计入总成绩。经过本次整改我校将此类形成性考核此类形成性考核
	设施和资源	（一）教学设施 1. 校内实训基地 按照"职业化、智能化、共享化"的标准和要求建设实训环境，学院在校内为该专业课程提供环境支撑，建设了"六中心"实训基地，包含财务共享体验中心、模拟企业运营中心、智能财税社会共享中心等共12个实训场所。满足会计基本技能训练、会计职业能力训练、会计技能竞赛、学生创新创业等课程的教学需要。 2. 校外实训基地 该专业具有稳定的校外实训基地，能够提供开展大数据与会计专业相关实习活动，实训设施齐备，实训设施实前大，实训管理及实施规章制度齐全，并且该专业有稳定的学生实习，可接纳一定规模的主流实务，实训岗位，实训设施实前大，能够配备相应数量的指导教师实习和管理；有保证实习日常工作、学习、生活的规章制度，有安全、保险保障，可接纳一定规模的主流实务，中联集团等。该专业实际实习实训基地包括：正保集团、华财会计公司、新道教育科技公司 3. 学生实习基地基本要求 该专业具有稳定的校外实习基地，能提供会计核算、会计监督等相关实习岗位；能涵盖当前大数据与会计专业的主流实务，可接纳一定规模的学生实习；能够配备相应数量的指导教师对学生实习进行指导和管理；有保证实习日常工作、学习、生活的规章制度，有安全、保险保障。 4. 支持信息化教学基本要求 该专业具有利用数字化教学资源、文献资料、常见问题解答等的信息化条件。引导鼓励教师开发并利用信息化教学资源，教学平台，创新教学方法，提升教学效果。 （二）教学资源 主要包括能够满足学生学习、教师教学和科研等需要的教材，图书资料以及数字资源等。 1. 教材选用能够基本要求 按照国家规定选用优质教材，禁止不合格的教材进入课堂。学校建立了由专业教师、行业专家和科研人员等参与的教材选用机构，完善教材选用制度，经过规范程序择优选用教材。岗位职业标准与产业需求，契合模块化课程，教学平台，打造立体活页式教材。 鼓励校企同编教材，教材编写对接1+X证书标准对接，行业职业标准进入课堂。

续表

部分	重点内容	完成指南
教与学	设施和资源	2. 图书文献配备基本要求 图书文献配备能够满足人才培养、专业建设、教科研等工作的需要，方便师生查询、借阅。专业类图书文献包括：有关财会合专业理论、技术、方法、思维以及实务操作类图书。 3. 数字教学资源配备基本要求 建设、配备与本专业有关的音视频素材、教学课件、数字化教学案例库、虚拟仿真软件、数字教材等专业教学资源库，形式多样，使用便捷，动态更新，满足教学
	对教师的要求	立信会计学院现有教职工53名，其中，领导班子4人，专任教师40人，行政人员3人，辅导员6人。具有博士学位的教师3人，硕士学位的教师37人。教师队伍中有北京市高校教学名师2人，北京市长城学者1人，北京市高校青年教学拔尖人才1人，北京市高校青年英才1人，北京市职教名师2名，副教授以上职称21人，讲师专业带头人1名；北京市专业创新团队2个。学生数与本专业专任教师数比例不高于26:1，双师型教师占比不低于90%，专任教师种类丰富，队伍考虑到职称、年龄，形成合理的队伍结构
考核	考核计划	因篇幅所限，此部分内容详见《附件3：北京财贸职业学院大数据与会计专业课程考核方式与学习成果映射表课程层面（修订版）》
	评分、分级和认证	考试可采取笔试、机试、口试等考试与撰写实验报告、论文、线上考试形式相叠加的方式、方案设计、实验设计、实际操作、综合性大作业、方案策划、软件操作、现场模拟、小组汇报等类形式改革叠加相配的方式。无论采取何种方式，每门课程都要有考核方案，对考核对象、考核要求、考核形式、考核内容等进行明确。考核应由两部分组成：形成性考核评价、终结性考核评价，考核方案要留存备查。 评分方案：我校从三个方面制定评分标准：知识、能力和素质。如果学生能够熟练掌握相关课程的知识和能力，并可以将相关知识和能力熟练运用到实际工作时，那么该学生的成绩可以评定为优，类似于西方教育体系中的A；如果学生仅仅理解相关课程的知识，并可以运用相关知识解决部分实际工作，那么该学生的成绩可以评定为良，类似于西方教育体系中的B；如果学生在经过短期相关培训后可以从事相关性工作，那么该学生的成绩可以评定为中，类似于西方教育体系中的C；如果学生仅仅理解相关课程的知识，在经过短期相关课程培训前培训后也无法从事相关性工作，那么该学生的成绩可以评定为不及格，类似于西方教育体系中的D；如果学生无法理解相关课程的知识，在经过短期相关课程培训后仍无法理解相关课程的知识，那么该学生成绩类似于西方教育体系中的Fail 评分系统分为以下5个档次：90分以上为优，类似于西方教育体系中的A；80～89分为良，类似于西方教育体系中的B；70～79分为中，类似于西方教育体系中的C；60～69分为及格，类似于西方教育体系中的D；60分以下为不及格，类似于西方教育体系中的Fail

续表

部分	重点内容	完成指南
专业设置和审查周期	（见指南说明）	近年来，伴随着大数据与人工智能技术的不断发展，会计专业进入了新的发展阶段，会计工作由传统的手工记账逐步转变为电子记账，会计部门由原来的支持部门转变为战略部门。为适应此类变化，2021 年教育部重新修订了专业目录，会计专业指导委员会进行论证，本次论证的主要参与者包括：中国人民大学商学院教授赵西卜、北京经贸职业学院副教授葛红、天职国际会计师事务所财务管理咨询经理李磊、北京市地质矿产勘察院计财处处长、高级会计师陈新龙、立信会计师事务所注册会计师李明高、会计专业学生代表和我系教师代表。 通过参与 UK NARIC 专业认证，我们学习了很多先进的理念和举措，重新修订了人才培养方案，关注学习成果 PLO、课程学习成果 LO，并建立了学习成果与考核的映射关系。 北京财贸职业学院各个专业每三年审查一次，并实施院、市、国家四级审查、学校两会审批。院级专业建设与教学指导委员会负责本学院专业设置资料论证和审查，合格后提交教务处，由教务处组织校级专业建设与教学指导委员会开展论证和审查并形成结论提交校长办公会和党委会进行审批

附件 2：

北京财贸职业学院大数据与会计专业课程考核方式与学习成果映射表——专业层面（修订版）

培养规格（专业学习成果）

PLO1: 坚定拥护中国共产党领导，在习近平新时代中国特色社会主义思想指引下，践行社会主义核心价值观，具有深厚的爱国情感和中华民族自豪感；

PLO2: 崇尚宪法、遵纪守法、崇德向善、诚实守信，与他人合作和在商业环境中热爱劳动，尊重生命，履行道德准则和行为规范，具有社会责任感和社会参与意识；

PLO3: 促进自主性、责任感，与他人合作和在商业环境中的道德行为；

PLO4: 具备必要的思想政治理论，科学文化基础知识和中华优秀传统文化知识，有效应用财政部《企业会计准则》的工作知识，核算企业简单经济业务并编制财务报表，展示会计文化，法

PLO5: 理解会计学科的基础理论知识，律和道德的相关知识；

PLO6: 在商业环境中，使用书面、口头和图形方式，对结果进行有效的沟通；展示良好的语言，文字表达能力和沟通能力；使用办公软件、会计软件、审计软件及本专业必需的信息技术解决实际问题；

PLO7: 深入理解会计核算的知识和技能，在模拟的工作条件下有效进行会计核算，进行会计要素的确认，计量和报告，熟练进行会计凭证审核与编制，账簿登记以及报表编制；

PLO8: 提供税法相关知识，并处理涉税事务，计算各种税费，进行规范申报，进行基本的纳税筹划和纳税风险控制；展示社会责任感和社会参与意识；

PLO9: 理解和有效应用财务管理及管理会计知识，展示财务、业务信息的处理，分类，分析，输出，制订小微企业融投资及营运方案，并思辨性评价企业各种决策；

PLO10: 按照审计准则实施审计程序，做出客观公正的职业判断并评价审计工作；

PLO11: 具备大数据技能及知识，展示运用信息对信息员工具对大数据信息进行收集，整理和分析的智能财务决策，展示共享业务处理财务机器人应用；

PLO12: 在实际工作环境中展示会计知识和技能，承担具体会计岗位，综合处理制造业、商业、咨询业实务业务，报告并评价会计工作，并能对工作进行反思；

PLO13: 具备探究式学习，独立学习能力，根据相关主题进行信息的搜集，整理，分析和论点，并能整合论据和论点，进行批判式评价

续表

课程名称	权重	专业学习成果考核（PLO：专业学习成果）												
		PLO1	PLO2	PLO3	PLO4	PLO5	PLO6	PLO7	PLO8	PLO9	PLO10	PLO11	PLO12	PLO13
第一年														
毛泽东思想和中国特色社会主义理论体系概论	1.82%	✓	✓		✓									
习近平新时代中国特色社会主义思想概论	1.21%	✓	✓	✓	✓									
思想道德与法治	1.82%	✓	✓	✓	✓									
形势与政策（一）形势与政策（二）	0.61%	✓	✓	✓	✓									
大学语文	2.42%	✓	✓	✓	✓									✓
应用数学	2.42%	✓	✓	✓			✓						✓	
实用英语（一）实用英语（二）	4.85%	✓	✓	✓	✓								✓	
信息技术应用	1.82%	✓	✓	✓			✓							
体育（一）体育（二）	1.82%	✓	✓	✓	✓									
军事理论	1.21%	✓	✓	✓										
大学生心理健康教育	1.21%	✓	✓	✓										
创新创业基础训练	1.21%	✓	✓	✓	✓		✓							
财贸素养教育（一）财贸素养教育（二）	1.21%	✓	✓	✓	✓									

续表

课程名称	权重	专业学习成果考核（PLO：专业学习成果）												
		PLO1	PLO2	PLO3	PLO4	PLO5	PLO6	PLO7	PLO8	PLO9	PLO10	PLO11	PLO12	PLO13
安全教育	1.21%	√	√	√										
军事技能	1.21%	√		√										
劳动教育（一）	1.21%	√	√	√										
劳动教育（二）		√	√	√										
会计基础	2.73%	√	√	√		√								
纳税实务（一）	1.82%	√	√	√										
初级会计实务（一）	2.12%	√	√	√				√						
行政事业单位会计实务		√	√	√		√								
企业涉税风险分析	1.21%	√	√	√					√					
商务展示与汇报		√	√	√			√							
第二年														
形势与政策（三）	0.61%	√	√	√	√									
形势与政策（四）		√	√	√	√									
体育（三）	1.82%	√	√	√	√									
体育（四）		√	√	√	√									
大学生社会实践	0.61%	√	√	√	√									
财贸素养教育（三）	1.21%	√	√	√	√									
财贸素养教育（四）		√	√	√									√	√
劳动教育（三）	1.21%	√	√	√										
劳动教育（四）		√	√	√									√	

续表

课程名称	权重	专业学习成果考核（PLO：专业学习成果）												
		PLO1	PLO2	PLO3	PLO4	PLO5	PLO6	PLO7	PLO8	PLO9	PLO10	PLO11	PLO12	PLO13
立信会计文化	1.21%	✓	✓	✓	✓									
财经相关法规	1.82%	✓	✓	✓									✓	
智能会计数据采集与应用	1.21%	✓	✓	✓					✓			✓		
Excel 在会计中的应用	1.21%	✓	✓	✓								✓		
会计英语	1.21%	✓	✓	✓			✓	✓						
纳税实务（二）	1.82%	✓	✓	✓					✓					
初级会计实务（二）	2.12%	✓	✓	✓				✓						
成本会计实务	2.42%	✓	✓	✓				✓						
财务管理实务	2.42%	✓	✓	✓						✓				
财务报表分析	1.21%	✓	✓	✓			✓			✓			✓	✓
会计信息系统应用（一）	1.52%	✓	✓	✓				✓					✓	
会计信息系统应用（二）	1.52%	✓	✓	✓				✓					✓	
财务报表审计（一）	1.52%	✓	✓	✓							✓		✓	✓
企业模拟经营对抗	1.21%	✓	✓	✓				✓		✓				
中级会计实务	1.82%	✓	✓	✓				✓	✓				✓	
纳税会计与申报实务		✓	✓	✓								✓		
财务建模与可视化		✓	✓	✓										

续表

课程名称	权重	专业学习成果考核（PLO：专业学习成果）												
		PLO1	PLO2	PLO3	PLO4	PLO5	PLO6	PLO7	PLO8	PLO9	PLO10	PLO11	PLO12	PLO13
预算管理		√	√	√			√							
税收筹划	1.21%	√	√	√					√				√	
财务共享业务处理		√	√	√								√		
第三年														
体育（五）	0.61%	√	√	√	√					√			√	√
职业发展与就业指导	0.61%	√	√	√	√								√	√
财贸素养教育（五）	0.61%	√	√	√	√								√	
劳动教育（五）	0.61%	√	√	√										
财务报表审计（二）	1.21%	√	√	√							√		√	√
管理会计	1.21%	√	√	√						√				
会计岗位综合实训	3.03%	√	√	√									√	√
顶岗实习	9.70%	√	√	√	√							√	√	√
毕业设计	4.85%	√	√	√	√							√	√	√
中国服务系列课程														
文化赋能系列课程	2.42%													
技术赋能系列课程														

续表

课程名称	权重	专业学习成果考核（PLO：专业学习成果）												
		PLO01	PLO02	PLO03	PLO04	PLO05	PLO06	PLO07	PLO08	PLO09	PLO10	PLO11	PLO12	PLO13
马克思主义理论类														
党史国史类														
人文艺术类														
自然科学类	1.21%													
学习力补偿类														
体育健康类														
美育类														
会计工厂项目实训		√	√	√		√		√					√	√
企业所得税汇算清缴	1.82%	√	√	√					√					
财务机器人应用与开发		√	√	√								√		
X 证书模块课		√	√	√										
辅修专业模块课		√	√	√				√					√	√
技能大赛模块课	6.06%	√	√	√				√					√	√
双创教育模块课		√	√	√				√					√	√
精益技能模块课		√	√	√				√					√	√

附件 3：

北京财贸职业学院大数据与会计专业课程考核方式与学习成果映射表——课程层面（修订版）（节选）

序号	课程名称（Module）	授课教师（Teacher）	第几学年（Grade）	学习成果（Learning Outcomes, LO）	考核（Assessment）	考核所占权重（Weight）	考核对应考查的学习成果（LO）	专业学习成果（PLO）	评分标准（Scoring Criteria）
1	会计基础	罗惠玲 王智慧	一	LO1：建立会计思维，熟悉理解借贷记账法基本原理，复式记账法，会计科目和会计六要素等内容；LO2：分析企业典型经济业务，列式会计分录，并编制相关会计凭证和登记账簿；LO3：认识财务报表，明白表中数据之间的逻辑关系，为后续专业课程做准备	考核1：作业。（共9次作业。歇写资金运动图，整理会计等式和会计科目，编制试算平衡表，分别编制投资过程、供应过程、生产过程、销售过程典型经济业务的会计分录，编制银行存款余额调节表）	20%	LO1, LO2	PLO1, PLO2, PLO3, PLO5	1. 优秀（90分及以上）：作业成绩在90分及以上的学生可以独立准确完成全部作业，并在完成过程中理解资金运动、企业全部业务环节的各种会计分录、试算平衡等知识点，并能准确回答老师提问，有较好的语言表达能力。2. 良好（80~89分）：作业成绩在80~89分的学生可以独立准确完成全部作业中的80%，但部分难度较大的分录需要查阅教科书完成，可以准确回答老师提问，但语言表达能力尚有不足。3. 中等（70~79分）：作业在70~79分之间代表学生仅可以独立准确完成全部作业中的70%，有部分知识点理解不透彻，需要教师指导号完成；在汇报展示过程中需要同学帮助，提示才可以完成任务，能够回答老师提问，语言表达能力不够清晰流畅。

续表

序号(No.)	课程名称(Module)	授课教师(Teacher)	第几学年(Grade)	学习成果(Learning Outcomes, LO)	考核(Assessment)	考核所占权重(Weight)	考核对应考查的学习成果(LO)	专业学习成果(PLO)	评分标准(Scoring Criteria)
									4. 及格（60~69分）：作业在60~69分之间代表学生仅可以独立完成全部作业中的50%，剩余的需要帮助与指导下完成；在汇报展示科书在过程中的同学讲述作业内容的大致流程，但对于细节方面不够清晰，能够回答老师简单提问，语言表达能力不够流畅。5. 不及格（60分以下）：作业在60分以下代表学生无法独立完成大部分作业，需要查阅教科书并在教师和同组同学的帮助及指导下才可以完成部分作业；无法完成难度较大的作业。
1	会计基础	罗惠玲 王智慧	一	LO1：建立会计思维，熟悉理解借贷记账原理，复式记账法，会计六要素等内容；LO2：分析企业典型经济业务，列式会计分录，并编制相关会计凭证和登记账簿；LO3：认识财务报表，明白表中数据之间的逻辑关系，为后续专业课程做准备	考核1：作业（共9次作业。默写资金运动图，整理会计科目和会计科目表，编制试算平衡表，分别编制投资过程、供应过程、生产过程、销售过程等典型经济业务过程的会计分录、列式会计分录、编制相关会计凭证和存款余额调节表）	20%	LO1、LO2	PLO1、PLO2、PLO3、PLO5	
					考核2：期中考试（主要包含单选题、多选题、判断题、编制会计分录题和计算题，主要考查学生对知识点的理解与应用）	30%	LO1、LO2	PLO1、PLO2、PLO3、PLO5	1. 优秀（90分及以上）：认识并能准确编制借贷记账法原理，能依据原始凭证，能依据原始凭证填写分录账簿，准确编制会计凭证，准确编制试算平衡表。2. 良好（80~89分）：理解借贷记账原理，认识并能准确填写大部分会计分录法原理，能依据原始凭证填写大部分会计分录分录账簿，会编制登记账簿，依据会计凭证登记原表。

续表

序号	课程名称（Module）	授课教师（Teacher）	第几学年（Grade）	学习成果（Learning Outcomes, LO）	考核（Assessment）	考核所占权重（Weight）	考核对应考查的学习成果（LO）	专业学习成果（PLO）	评分标准（Scoring Criteria）
1	会计基础	罗惠玲 王智慧	一	LO1：建立会计思维，熟悉理解借贷记账法基本原理，记账法，复式记账法，会计六要素等内容；LO2：分析企业典型经济业务，列式会计分录，并编制相关会计凭证和登记账簿；LO3：认识财务报表，明白表中数据之间的逻辑关系，为后续专业课程做准备	考核2：期中考试（主要包含单选题、多选题、判断题、编制会计分录和计算题，主要考查学生对知识点的理解与应用）	30%	LO1，LO2	PLO1，PLO2，PLO3，PLO5	3. 中等（70~79分）：熟悉借贷记账法原理。认识及填写原始凭证，能依据原始凭证及会计分录的填写，完成部分会计凭证分录并依据会计凭证登记账簿。较好地完成试算平衡表。 4. 及格（60~69分）：了解借贷记账法的原理但不是很熟练。认识原始凭证，能依据原始凭证编制部分会计分录及填制会计凭证。能依据会计凭证登记账簿。不能准确编制试算平衡表。 5. 不及格（60分以下）：不理解借贷记账法的原理。不能准确认识原始凭证，不能完成原始凭证的填写，不会编制会计分录，不能准确登记会计凭证账簿
					考核3：期末考试（主要包含单选题、多选题、判断题、编制会计分录和计算题，主要考查学生对知识点的理解与应用）	50%	LO1，LO2，LO3	PLO1，PLO2，PLO3，PLO5	1. 优秀（90分及以上）：准确理解借贷记账法原理。认识原始凭证，能依据原始凭证登记账簿再编制出会计报表。会编制试算平衡表，计算企业的利润，会编制银行存款余额调节表。

续表

序号	课程名称（Module）	授课教师（Teacher）	第几学年（Grade）	学习成果（Learning Outcomes, LO）	考核（Assessment）	考核所占权重（Weight）	考核对应考查的学习成果（LO）	专业学习成果（PLO）	评分标准（Scoring Criteria）
1	会计基础	罗惠玲 王智慧	一	LO1：建立会计思维，熟悉理解借贷记账法基本原理，会计复式记账法、会计六要素等内容；LO2：分析企业典型经济业务，列式编制会计分录，并编制相关会计凭证和登记账簿；LO3：认识财务报表，明白表中数据之间的逻辑关系，为后续专业课程做准备	考核3：期末考试（主要包含单选题、多选题、判断题、编制会计分录和计算题，主要考查学生对知识点的理解与应用）	50%	LO1、LO2、LO3	PLO1、PLO2、PLO3、PLO5	2. 良好（80～89分）：理解借贷记账法原理。认识原始凭证，能依据原始凭证编制会计分录并依据会计凭证登记账簿。会编制银行存款余额调节表，计算企业的利润。3. 中等（70～79分）：熟悉借贷记账法原理。认识原始凭证，能依据原始凭证编制会计分录并依据会计凭证登记账簿。4. 及格（60～69分）：了解借贷记账，认识原始凭证。认识部分会计分录并编制试算平衡表。5. 不及格（60分以下）：不理解借贷记账法的原理，不能准确认识原始凭证，不会编制会计分录，不能准确登记账簿

序号	课程名称（Module）	授课教师（Teacher）	第几学年（Grade）	学习成果（Learning Outcomes，LO）	考核（Assessment）	考核所占权重（Weight）	考核对应考查的学习成果（LO）	专业学习成果（PLO）	评分标准（Scoring Criteria）
2	财经相关法规	申巍 谭治宇	二	LO1：分析相关法律关系；LO2：处理简单的公司债权债务问题、股东权益问题；LO3：起草简单的合同并判断合同是否成立、何时成立、重要条款的效力；LO4：判断某一行为是否属于正当竞争行为、是否属于垄断行为；LO5：判断生产者、销售者的某一行为是否尽到了产品质量义务、合法处理产品质量责任问题；LO6：运用法律权益保护与消费者权益保护相关的事务；LO7：判断劳动合同的具体条款、运用法律解决劳动者和用人单位之间的劳动争议；LO8：选择法律程序解决各类争端	考核1：案例分析（确保每位学生在本学期每完成四次案例分析作业，包括公司法案例、合同法案例、争端解决案例、劳动合同法案例等）	50%	LO2、LO3、LO7、LO8	PLO8、PLO12	1. 优秀（90分及以上）：准确理解公司法、合同法、争端解决、劳动法律运用所学的法律知识全面分析相关法律关系，理清事实、分辨是非，可以独立对绝大多数法律问题作出完全符合法律的解答。2. 良好（80～89分）：理解公司法、合同法、争端解决、劳动合同法的相关法律规定，能准确运用所学的法律知识分析大部分相关法律关系，理清事实、分辨是非，部分难度较高或需要查阅教科书方能作出比较专业的法律问题的解答。3. 中等（70～79分）：理解公司法、合同法、争端解决、劳动合同法律的相关法律规定，能比较准确地运用所学的法律知识分析大部分相关法律关系，理清事实、分辨是非，分辨是非对于难度较高的需要在教师的帮助下才可以对难度较高或专业性较强的法律问题作出准确的解答。4. 及格（60～69分）：熟悉公司法、合同法、争端解决、劳动合同法的部分相关法律规定，能运用所学的法律知识分析部分相关法律关系，理清事实，基本能分辨是非，仅能对部分中等难度的法律问题做出解答。

续表

序号	课程名称（Module）	授课教师（Teacher）	第几学年（Grade）	学习成果（Learning Outcomes, LO）	考核（Assessment）	考核所占权重（Weight）	考核对应考查的学习成果（LO）	专业学习成果（PLO）	评分标准（Scoring Criteria）
2	财经相关法规	申巍 谭洽宇	二	LO1：分析相关法律关系；LO2：处理简单的公司债权债务问题、股东权益问题；LO3：起草简单的合同并判断合同是否成立、何时成立、重要条款的效力；LO4：判断某一行为是否属于不正当竞争行为；LO5：判断生产者、销售者的某一行为是否尽到了产品质量义务，会正确处理产品质量责任问题；LO6：运用法律保护相关事务；LO7：判断劳动合同的具体条款是否完备、合法，运用法律解决之间的劳动争议；LO8：选择法律程序解决各类争端	考核1：案例分析（确保每位学生在本学期完成四次案例分析作业，包括公司法案例、合同法案例、争端解决合同法案例、劳动合同法案例等）	50%	LO2、LO3、LO7、LO8	PLO8、PLO12	5. 不及格（60分以下）：仅了解公司法、合同法、劳动法律，能运用所学的法律知识分析少量相关法律规定、争端解决，能大概理清事实，分辨部分是非，并针对所提出的问题做出少量符合法律的解答
					考核2：考试（题型包括单选题、多选题、判断题、简答题、案例分析题等，主要考查学生对主要知识点的理解程度和实际应用能力）	50%	LO1、LO2、LO3、LO4、LO5、LO6、LO7、LO8	PLO8、PLO12	1. 优秀（90分及以上）：理解并准确回答财经相关法规所有知识点，在闭卷环境下，能准确运用所学的法律全面分析相关法律关系；准确运用应用法律解答与公司、合同、消费者权益保护、劳动争议等相关的问题，起草常见合同，不正当竞争与垄断、产品质量、消费者权益保护、劳动争议等，争端解决相应法律事务所、会计师事务所、企业法务部门等工作。

续表

序号	课程名称（Module）	授课教师（Teacher）	第几学年（Grade）	学习成果（Learning Outcomes, LO）	考核（Assessment）	考核所占权重（Weight）	考核对应考查的学习成果（LO）	专业学习成果（PLO）	评分标准（Scoring Criteria）
				LO1：分析相关法律关系； LO2：处理简单的公司债权债务问题、股东权益问题； LO3：起草简单的合同并判断合同是否成立、何时成立、重要条款的效力； LO4：判断某一行为是否属于不正当竞争行为、是否属于垄断行为； LO5：判断生产者、销售者的某一行为是否尽到了产品质量义务，会正确处理产品质量责任问题； LO6：运用法律处理与消费者权益保护相关的事务； LO7：判断劳动合同的具体条款是否完备、合法，运用法律解决劳动者和用人单位之间的劳动争议； LO8：选择各类法律程序解决各类争端					2. 良好（80～89分）：理解并准确回答财经相关法规相关大部分知识点，在闭卷环境下，能准确运用所学的法律知识分析相关法律关系；比较准确运用法律解答与公司法、合同法、起草常见的合同，不正当竞争与垄断、争端解决等相关的问题，消费者权益保护、劳动争议等相关知识，入职后需要进一步深入学习相关知识，并经过深度培训后方能适应绝大多数部门法律相关工作。 3. 中等（70～79分）：理解并比较准确回答财经相关法规大部分知识点，在闭卷环境下，较比较准确地运用所学的法律知识分析相关法律关系；较准确运用合同法应用合同、起草常见的简单合同，能比较准确解答与垄断、合同，不正当竞争与垄断、产品质量、争端解决等相关方面的简单问题，合法保护、劳动争议等，短时间内无法独立完成相关工作，需要在有经验的同事的帮助下才可以完成相应工作。
2	财经相关法规	申巍 谭治宇	二		考核2：考试（题型包括单选题、多选题、判断题、简答题、案例分析题等，主要考查学生对主要知识点的理解程度和实际应用能力）	50%	LO1、LO2、LO3、LO4、LO5、LO6、LO7、LO8	PLO8、PLO12	

序号 (No.)	课程名称 (Module)	授课教师 (Teacher)	第几学年 (Grade)	学习成果 (Learning Outcomes, LO)	考核 (Assessment)	考核所占权重 (Weight)	考核对应考查的学习成果 (LO)	专业学习成果 (PLO)	评分标准 (Scoring Criteria)
2	财经相关法规	申巍 谭冶宇	二	LO1：分析相关法律关系；LO2：处理简单的公司债权债务问题、股东权益问题；LO3：起草简单的合同并判断合同是否成立、何时有效力、条款的效力；LO4：判断某一行为是否属于不正当竞争行为，是否属于垄断行为；LO5：判断生产者、销售者的某一行为是否尽到了产品质量义务，会正确处理产品质量责任问题；LO6：运用消费者权益保护相关法律；LO7：判断劳动合同的具体条款是否完备、合法，运用法律解决劳动者和用人单位之间的劳动争议；LO8：选择法律程序解决各类争端	考核2：考试（题型包括单选题、多选题、判断题、简选题、案例分析题等，主要考查学生对主要知识点的理解程度和实际应用能力）	50%	LO1, LO2, LO3, LO4, LO5, LO6, LO7, LO8	PLO8, PLO12	4. 及格（60～69分）：熟知并回答财经相关法规基本知识点，在闭卷环境下，能运用所学的法律知识分析相关部分相关法律关系；不会起草合同，能判断合同的部分条款是否合法；能比较准确应用法律解答与公司、合同，不正当竞争与垄断、产品质量、消费者权益保护、劳动争议、争端解决法律方面相关；无法深入人完成独立完成法律、争端解决方面简单问题，需要深入学习相关知识，进一步学习相关的帮助下才可以完成相应工作；职前培训，在同事的帮助下才可以完成相应工作。5. 不及格（60分以下）：了解并回答财经相关知识点，在闭卷环境下，能运用所学的法律相关知识分析少量常用且简单的合同条款与公司、合同，不正当竞争与垄断、产品质量、消费者权益保护、劳动争议、争端解决相关的工作；无法起草合同，是否合法具有判断力；只对一些常用且简单的合同，不正当竞争与垄断，产品质量，消费者权益保护，劳动争议、争端解决等相关的少量简单问题，无法从事法律相关的工作

续表

序号	课程名称（Module）	授课教师（Teacher）	第几学年（Grade）	学习成果（Learning Outcomes, LO）	考核（Assessment）	考核所占权重（Weight）	考核对应考查的学习成果（LO）	专业学习成果（PLO）	评分标准（Scoring Criteria）
3	智能会计数据采集与应用	董萍萍	二	LO1：理解数据采集的特征和作用、了解数据类型、数据来源；LO2：理解内、外部财务数据分类、数据系统；LO3：熟练操作八爪鱼软件、在实际工作场景下用八爪鱼软件采集上市公司财务报表数据、宏观经济政策政府信息、企业基本概况信息等；LO4：分类、汇总、整理采集的数据	考核1：作业（共10次随堂任务作业，根据任务不同数据来源，进行财务、税务、法务、招投标信息、企业内部系统等相关的数据采集等，掌握Excel、PowerBI、八爪鱼等工具的操作方法）	50%	LO1、LO2、LO3、LO4	PLO1、PLO2、PLO3、PLO11	1. 优秀（90分及以上）：准确理解网络爬虫的基本方法，能够熟练独立采集数据，能够从恰当的渠道获取数据，并进行数据整理。 2. 良好（80～89分）：理解智能会计数据采集中的概念，能够熟练独立采集并进行分类，但部分难度较高的数据采集需要查阅教科书后方能进行。 3. 中等（70～79分）：知道智能会计数据采集中的部分概念，仅能采取多维度数据，但采集LO2中的部分数据，辅导下方能进行其他类别的数据采集。 4. 及格（60～69分）：不清楚智能会计数据采集LO3中的上市公司财务报表，不能独立选择恰当的方法和工具进行主动数据获取。 5. 不及格（60分以下）：无法采集任何财务相关数据，并且不能掌握任意一款数据采集工具的使用方法

续表

序号 (Module)	课程名称 (Module)	授课教师 (Teacher)	第几学年 (Grade)	学习成果 (Learning Outcomes, LO)	考核 (Assessment)	考核所占权重 (Weight)	考核对应考查的学习成果 (LO)	专业学习成果 (PLO)	评分标准 (Scoring Criteria)
3	智能会计数据采集与应用	董萍萍	二	LO1: 理解数据采集的特征和作用, 了解数据类型、数据来源; LO2: 理解内、外部财务数据分类、数据系统; LO3: 熟练操作八爪鱼软件, 在实际工作场景下用八爪鱼软件采集上市公司财务报表数据, 宏观经济政策信息, 企业基本概况信息等; LO4: 分类、汇总、整理采集的数据	考核 2: 口述考核 (演讲, 以小组汇报统计局网站的相关数据信息, 主要是掌握统计局数据的大致组成和内容, 进行口述汇报考核)	10%	LO1, LO2, LO3, LO4	PLO1, PLO2, PLO3, PLO11	1. 优秀 (90 分及以上): 全面系统理解统计局数据的全貌, 能够准确找到数据资源并且与实际工作生活进行连接, 通过数据分析传导与原因, 可以独立在企业财务部门数据分析任职, 为企业财务数据分析提供数据支持。 2. 良好 (80~89 分): 基本了解统计局数据包含的行业及查询的分类, 能够大致描绘数据大类, 需要有经验的同事一段时间的指导下方能解决复杂数据分析问题并同事同独立胜任财务部门数据分析岗位。 3. 中等 (70~79 分): 知道统计局数据的基本范围, 能关注部分数据源, 无法全面获取多维度数据, 仍需要经过一段时间的学习培训方能胜任企业财务部门数据分析岗位。 4. 及格 (60~69 分): 能够关注一定的新闻数据, 无法深入数据资源中获取并分类数据, 无法进行数据分析工作。 5. 不及格 (60 分以下): 无法采集向数据, 并且不能理解统计局网站数据的意义

续表

序号	课程名称（Module）	授课教师（Teacher）	第几学年（Grade）	学习成果（Learning Outcomes, LO）	考核（Assessment）	考核所占权重（Weight）	考核对应考查的学习成果（LO）	专业学习成果（PLO）	评分标准（Scoring Criteria）
3	智能会计数据采集与应用	董洋洋	二	LO1：理解数据采集的特征和作用，了解数据类型、数据来源；LO2：理解内、外部财务数据分类、数据系统；LO3：熟练操作八爪鱼软件，在实际工作场景下用八爪鱼软件采集上市公司财务报表数据、宏观经济政策信息、企业基本概况信息等；LO4：分类、汇总、整理采集的数据	考核3：实践考核（包含对于数据采集流程的掌握，以流程图形式进行考核，获取A股不同板块上市公司的五年财务报表数据）	40%	LO1、LO2、LO3、LO4	PLO1、PLO2、PLO3、PLO11	1. 优秀（90分及以上）：理解智能会计数据采集的概念，能够准确绘制采集流程图，至少掌握2~3种数据采集的方法，能够熟练从恰当的渠道获取数据并进行数据整理，可以在企业的财务部门数据分析岗位任职，为企业财务数据分析提供数据支持。 2. 良好（80~89分）：能够绘制采集流程图，使用恰当的工具采集LO2、LO3的数据，并进行简单的分类。 3. 中等（70~79分）：知道智能会计数据采集的部分概念，可绘制部分流程，仅能采集集中的部分数据，无法全面获取多维度数据LO2中的部分数据，无法选择恰当的数据获取。 4. 及格（60~69分）：不清楚智能会计数据采集相关流程，无法绘制相关报表，仅能采集LO3中的上市公司财务报表，不能独立选择恰当的方法和工具进行主动数据获取。 5. 不及格（60分以下）：无法采集任何财务相关数据，并且不能掌握任意一款数据采集工具的使用方法。

续表

序号	课程名称 (Module)	授课教师 (Teacher)	第几学年 (Grade)	学习成果 (Learning Outcomes, LO)	考核 (Assessment)	考核所占权重 (Weight)	考核对应考查的学习成果 (LO)	专业学习成果 (PLO)	评分标准 (Scoring Criteria)
4	会计英语	宁小博	二	LO1：读写重点的会计专业英语词汇； LO2：领会国际财务报告准则的基本内容； LO3：运用英语写出基本的会计分录并进行简单的会计核算	考核1：本部分占总评成绩的30%，即30分。完成会计专业论文，手写拍照，并上传智慧职教平台。要求：英语手写，字数不低于800字，截至时间为第16周下课前。选题符合要求，从选题方案中任选其一。内容充实完整，充分利用课本知识与网络资源，并在此基础上能够进行一定程度的创新。此考核学生运用英语表达专业知识的能力	30%	LO1，LO2，LO3	PLO1，PLO2，PLO3，PLO6，PLO7	1. 优秀（90分及以上）：代表论文选题符合要求，内容充实完整，逻辑条理通顺，字句与运用得体，书写工整，能充分利用课本知识与网络资源，并在此基础上能够进行一定程度的创新。体现了学生较高的职业判断能力及较高的使用英语表达专业知识的能力。 2. 良好（80~89分）：代表论文选题符合要求，内容充实完整，逻辑条理通顺，字句标准，书写工整，能在此基础上能够进行一定程度的创新。体现了学生具备此基础上能够进行一定程度的创新。体现了学生具备使用英语知识的能力。 3. 中等（70~79分）：代表论文选题符合要求，内容不够充实完整，逻辑条理不够工整，字句书写正确但不够工整，体现学生具备使用英语知识专业表达的能力有所欠缺。 4. 及格（60~69分）：代表论文选题不符合要求，只是材料的简单堆积，书写不够工整，字句运用有错误，体现出学生的使用英语表达能力亟待提高。 5. 不及格（60分以下）：代表论文，但论文选题不符合要求，完成自己要求，字数不达标，书写错误过多，体现出学生不具备使用英语表达专业知识的能力及职业判断能力

序号	课程名称（Module）	授课教师（Teacher）	第几学年（Grade）	学习成果（Learning Outcomes，LO）	考核（Assessment）	考核所占权重（Weight）	考核对应考查的学习成果（LO）	专业学习成果（PLO）	评分标准（Scoring Criteria）
4	会计英语	宁小博	二	LO1：读写重点的会计专业英语词汇；LO2：领会国际财务报告准则的基本内容；LO3：运用英语写出基本的会计分录并进行简单的会计核算	考核2：本部分占总评成绩的35%，即35分。主要考查学生对重点会计英语词汇及会计分录的阅读，对国际财务报告准则主要条款的理解能力，写作能力及对会计人员的职业务处理的能力及判断。要求：（利用智慧职教平台开展，题库打乱题目顺序）具体构成如下：1. 填空题（每题5分，共20分）2. 多项选择题（每题5分，共50分）3. 简答题（每题15分，共30分）	35%	LO1、LO2、LO3	PLO1、PLO2、PLO3、PLO6、PLO7	1. 优秀（90分及以上）：熟练准确阅读及书写重点财务报告准则及会计英语词汇等其他内容，正确理解国际财务报告准则的主要条款，对会计人员职业判断，具有较高的正确且独到的见解。2. 良好（80～89分）：比较熟练阅读及书写重点的会计英语词汇及会计分录，较正确理解国际财务报告准则的主要条款等其他内容，对会计专业判断，具有一定的正确的见解。3. 中等（70～79分）：能够阅读及书写重点的会计英语词汇及会计分录，能够理解国际财务报告准则的主要条款等基本内容，具有基本的会计人员职业判断，但无法对会计专业问题发表个人见解。4. 及格（60～69分）：只能够部分阅读及书写基本的会计英语词汇及会计分录，只能够部分理解国际财务报告准则的基本内容，具有简单的会计专业判断，无法对会计专业问题发表个人见解。5. 不及格（60分以下）：在试卷考核中，不能够阅读及书写基本的会计英语词汇及会计分录，不能够理解国际财务报告准则的主要条款等其他内容，不具有简单的会计人员职业判断，无法对会计专业个人见解

续表

序号	课程名称（Module）	授课教师（Teacher）	第几学年（Grade）	学习成果（Learning Outcomes，LO）	考核（Assessment）	考核所占权重（Weight）	考核对应考查的学习成果（LO）	专业学习成果（PLO）	评分标准（Scoring Criteria）
4	会计英语	宁小博	二	LO1：读写重点的会计专业英语词汇；LO2：领会国际财务报告准则的基本内容；LO3：运用英语写出基本的会计分录并进行简单的会计核算。	考核3：单词书写（重点考核1~7章单词的书写）	35%	LO1、LO2、LO3	PLO1、PLO2、PLO3、PLO6、PLO7	1. 优秀（90分及以上）：作业在90分及以上，代表学生可以独立准确完成全部作业，并在完成过程中清晰准确的会计英语重点词汇书写能力。 2. 良好（80~89分）：作业在80~89分，代表学生可以独立准确完成全部作业中的80%，但剩余较大难度的会计专业词汇无法准确表达。 3. 中等（70~79分）：作业在70~79分之间，代表学生仅可以独立准确完成的会计词汇中的70%，但剩余的中高难度的会计专业词汇需要教师指导完成。 4. 及格（60~69分）：作业在60~69分之间，代表学生仅可以独立准确完成全部作业中的50%，其余会计专业词汇需要老师指导完成。 5. 不及格（60分以下）：作业在60分以下代表学生无法独立完成大部分作业，即便查阅教科书并在老师和同组同学的帮助及指导下也难以完成全部作业

续表

序号	课程名称（Module）	授课教师（Teacher）	第几学年（Grade）	学习成果（Learning Outcomes, LO）	考核（Assessment）	考核所占权重（Weight）	考核对应考查的学习成果（LO）	专业学习成果（PLO）	评分标准（Scoring Criteria）
5	初级会计实务（一）	喻炼 何云海	一	LO1：理解会计核算的基本理论以及会计要素的确认和计量方法；LO2：处理企业主要经济业务的账务，为编制财务报表做准备；LO3：解释并批判性回顾会计概念和理论	考核1：作业，主要包括：货币资金、交易性金融资产、应收及预付款项、存货、固定资产等内容）考核1：作业（每位同学完成5部分课后作业	50%	LO1，LO2，LO3	PLO1，PLO2，PLO3，PLO7	1. 优秀（90分及以上）：作业在90分以上代表学生可以清晰理解会计核算的原理，能够根据企业发生的货币资金、交易性金融资产成账务处理业务独立准确完成账务处理。2. 良好（80~89分）：作业在80~89分之间代表学生可以清楚理解会计核算的原理，能够对80%的企业经济业务独立准确完成账务处理，但剩余难度较大的账务处理需要查阅教科书后方能完成。3. 中等（70~79分）：作业在70~79分之间代表学生可以理解会计核算的原理，能够对70%的企业经济业务独立准确完成账务处理，但剩余难度较大的账务处理需要老师指导完成。4. 及格（60~69分）：作业在60~69分之间代表学生仅能够对50%的简单企业经济业务独立准确完成账务处理，但剩余部分需要在老师指导和同学帮助下完成。5. 不及格（60分以下）：作业在60分以下代表学生无法独立完成企业经济业务的账务处理，需要查阅教科书并在老师和同学的指导下才可以完成

续表

序号	课程名称（Module）	授课教师（Teacher）	第几学年（Grade）	学习成果（Learning Outcomes, LO）	考核（Assessment）	考核所占权重（Weight）	考核对应考查的学习成果（LO）	专业学习成果（PLO）	评分标准（Scoring Criteria）
5	初级会计实务（一）	喻炼 何云海	一	LO1：理解会计核算的基本理论以及会计要素的确认和计量方法；LO2：处理企业主要经济业务的账务，为编制财务报表做准备；LO3：解释并批判性回顾会计概念和理论	考核2：上机考试（考试试卷满分为100分，主要包含单选题、多选题、判断题，主要考查学生对会计核算的基本原理、企业主要经济业务如投资核算等复杂核算工作的理解等知识点应用）	50%	LO1, LO2, LO3	PLO1, PLO2, PLO3, PLO7	1. 优秀（90分及以上）：考试成绩在90分及以上代表学生可以正确理解初级会计实务（一）课程的全部知识点，可以在闭卷环境下准确完成企业主要经济业务的账务处理工作，并能独立在企业财务部门完成核算工作。2. 良好（80~89分）：考试成绩在80~89分之间代表学生可以正确理解初级会计实务（一）课程的大部分知识点，可以在闭卷环境下准确完成企业主要经济业务部门完成大部分账务核算工作；可以独立在企业财务部门有经验的前辈指导下完成如投资核算等复杂核算工作。3. 中等（70~79分）：考试成绩在70~79分之间代表学生可以正确理解初级会计实务（一）课程中约70%的知识点，但对于测余知识点还无法准确理解其内容和含义；可以在闭卷环境下准确完成企业核心经济业务的账务处理工作；无法独立在企业财务部门完成核算工作，需要企业中有经验的前辈在实际工作中进行短期指导后才可以完成企业中实际的核算工作。

序号 (No.)	课程名称 (Module)	授课教师 (Teacher)	第几学年 (Grade)	学习成果 (Learning Outcomes, LO)	考核 (Assessment)	考核所占权重 (Weight)	考核对应考查的学习成果 (LO)	专业学习成果 (PLO)	评分标准 (Scoring Criteria)
5	初级会计实务（一）	喻炼 何云海	一	LO1：理解会计核算的基本理论以及会计要素的确认和计量方法；LO2：处理企业主要经济业务的账务，为编制财务报表做准备；LO3：解释并批判性地回顾会计概念和理论	考核2：上机考试（考试试卷满分为100分，主要包含单选题、多选题、判断题，主要考查学生对会计核算的基本原理、企业主要经济业务的账务处理等知识点的理解与应用）	50%	LO1、LO2、LO3	PLO1、PLO2、PLO3、PLO7	4. 及格（60~69分）：考试成绩在60~69分之间代表学生可以正确理解初级会计实务（一）课程中约60%的知识点，但对于大部分知识点还无法准确理解其内容和含义；可以在闭卷环境下准确完成企业简单经济业务的账务处理工作；无法独立在企业财务部门完成核算工作，需要企业中有经验的前辈在实际企业中实际业务的核算中进行长期指导后才可以完成企业的账务的核算工作。5. 不及格（60分以下）：考试成绩在60分以下代表学生仅理解初级会计实务（一）课程的少量知识点，无法在闭卷环境下准确处理工作；无法胜任企业简单经济业务处理工作；无法胜任企业财务部门中的核算工作。

续表

序号	课程名称(Module)	授课教师(Teacher)	第几学年(Grade)	学习成果(Learning Outcomes, LO)	考核(Assessment)	考核所占权重(Weight)	考核对应考查的学习成果(LO)	专业学习成果(PLO)	评分标准(Scoring Criteria)
6	初级会计实务(二)	喻炼 何云海	二	LO1: 处理企业主要经济业务账务处理原理、惯例和标准，为编制财务报表做进一步准备；LO2: 根据会计原理、惯例和标准编制小微企业财务报表，提供企业财务状况、经营成果、现金流量等财务信息；LO3: 客观批判性回顾并反思会计理论概念和实际应用	考核 1: 作业（每位同学完成 5 次课后作业，主要包拓: 负债、所有者权益、收入、费用、会计报表等内容）	50%	LO1、LO2、LO3	PLO1、PLO2、PLO3、PLO7	1. 优秀（90 分及以上）：作业在 90 分及以上，代表学生可以清晰理解会计核算的原理，根据企业发生的经济业务独立准确完成负债、所有者权益、收入、费用、利润的账务处理，能够正确编制财务报表，提供企业有关财务状况、经营成果等财务信息。2. 良好（80~89 分）：作业在 80~89 分之间，代表学生可以清晰理解会计核算的原理，能够对 80% 的企业经济业务独立准确完成负债、所有者权益、收入、费用，但剩余难度较大的账务处理和编制财务报表，需要查阅教科书后方能完成。3. 中等（70~79 分）：作业在 70~79 分之间，代表学生可以理解会计核算的原理，能够对 70% 的企业经济业务独立准确完成负债、所有者权益、收入、费用，利润账务处理和编制财务报表，但剩余难度较大的需要老师指导才完成。4. 及格（60~69 分）：作业在 60~69 分之间，代表学生能够对 50% 的简单企业经济业务独立准确完成和编制财务报表，但剩余部分需要在老师指导和同学帮助下完成。5. 不及格（60 分以下）：作业在 60 分以下，代表学生无法独立完成企业经济业务的账务处理和编制财务报表，需要查阅教科书并在老师和同学的指导下才可以完成。

序号 (No.)	课程 名称 (Module)	授课 教师 (Teacher)	第几 学年 (Grade)	学习 成果 (Learning Outcomes, LO)	考核 (Assessment)	考核所 占权重 (Weight)	考核对 应考查 的学习 成果 (LO)	专业 学习 成果 (PLO)	评分标准 (Scoring Criteria)
6	初级会计实务（二）	喻炼 何云海	二	LO1：处理企业主要经济业务账务，为编制财务报表做进一步准备； LO2：根据会计原理、惯例和标准，编制小微企业财务报表，提供企业财务状况、经营成果、现金流量等财务信息； LO3：客观批判性回顾并反思会计理论概念和实际应用	考核2：上机考试（考试试卷满分为100分，主要包含单选题、多选题和判断题，主要考查学生对企业主要经济业务的账务处理、编制财务报表等知识点的理解与应用）	50%	LO1、LO2、LO3、	PLO1、PLO2、PLO3、PLO7	1. 优秀（90分及以上）：考试成绩在90分及以上代表学生可以正确理解企业主要经济业务知识点，可以在闭卷环境下准确完成企业主要经济业务的账务处理工作，并能独立在企业财务部门完成核算工作。 2. 良好（80~89分）：考试成绩在80~89分之间代表学生可以正确理解初级会计实务大部分知识点；可以在闭卷环境下准确完成企业主要经济业务的大部分账务处理工作；可以独立在企业财务部门完成大部分核算工作，但还需要企业中有经验的前辈进行指导才可以完成如投资核算等复杂业务工作。 3. 中等（70~79分）：考试成绩在70~79分之间代表学生可以正确理解初级会计实务约70%的知识点，但对于剩余知识点还无法准确理解其内容和含义；可以在闭卷环境下准确完成核心经济业务处理工作；无法独立在企业财务部门完成核算工作，需要企业中有经验的前辈在实际工作中进行短期指导后才可以完成企业中实际的核算工作。

续表

序号 (Module)	课程名称 (Module)	授课教师 (Teacher)	第几学年 (Grade)	学习成果 (Learning Outcomes, LO)	考核 (Assessment)	考核所占权重 (Weight)	考核对应考查的学习成果 (LO)	专业学习成果 (PLO)	评分标准 (Scoring Criteria)
6	初级会计实务(二)	喻炼 何云海	二	LO1:处理企业主要经济业务账务,为编制财务报表做进一步准备; LO2:根据会计原理、惯例和标准,编制小微企业财务报表,提供企业的财务状况、经营成果、现金流量等财务信息; LO3:客观批判性回顾并反思会计理论概念和实际应用	考核 2:上机考试(考试试卷满分为100分,主要包含单选题、多选题和判断题,主要考查经济业务的账务处理、编制财务报表等知识点的理解与应用)	50%	LO1、LO2、LO3、	PLO1、PLO2、PLO3、PLO7	4. 及格(60~69分):考试成绩在60~69分之间代表学生可以正确理解初级会计实务(二)课程中约60%的知识点,但对于大部分知识点还无法准确理解其内容和含义;可以在闭卷环境下准确完成企业简单经济业务的账务处理工作;无法独立在企业财务部门完成核算工作,需要企业中有经验的前辈在实际工作中进行长期指导后可以完成企业中实际的核算工作。 5. 不及格(60分以下):代表学生仅理解初级会计实务(二)课程的少量知识点,无法在闭卷环境下准确完成企业简单经济业务的账务处理工作;无法胜任企业财务部门中的核算工作。

序号	课程名称（Module）	授课教师（Teacher）	第几学年（Grade）	学习成果（Learning Outcomes, LO）	考核（Assessment）	考核所占权重（Weight）	考核对应考查的学习成果（LO）	专业学习成果（PLO）	评分标准（Scoring Criteria）
7	财务管理实务	程继爽 谭智慧 王景香	二	LO1：理解财务管理的概念、内容、环境和目标；LO2：发展应用资金时间价值解决实际问题的技能；LO3：发展测量企业资金需要量，分析和评价各种筹资方式，计算资本成本，确定合理的筹资方式和最佳资本结构的技能；LO4：应用净现值、现值指数和内部收益率为企业项目投资提供决策支持；LO5：熟悉证券投资环境，分析评价投资收益，客观工具和特点，股票和基金等基本投资工具，并批判性提出投资建议；LO6：熟悉营运资金管理方法，应对账款管理和存货管理的技能和策略；LO7：了解股利分配的程序、内容和方式	考核1：作业（满分100分，共4次作业25分。每次作业25分，每位同学独立完成4次作业，主要包括：资金时间价值计算、资金需要量计算、资本结构、项目投资管理、营运资金管理）	30%	LO2、LO3、LO4、LO6	PLO9	1.优秀（90分及以上）：在实际工作场景，独立应用资金时间价值准确并确定最佳资本结构，熟练计算各类资金成本和内部收益率，应用净现值、现值指数，应用正确的投资项目；用专门技术和方法确定最佳现金持有量，信用政策和存货策略。 2.良好（80~89分）：在实际工作场景，和同学一起应用资金时间价值并确定最佳资本结构，熟练计算各类资金成本，内部收益指数，应用净现值、现值指数，应用正确的投资项目；用专门技术和方法确定最佳现金持有量，信用政策和存货策略。 3.中等（70~79分）：在实际工作场景，应用资金时间价值并确定最佳资本结构，需要同学协助计算各类资金成本和内部收益率项目；比较熟练计算净现值、现值指数的投资项目；用正确的方法，选择最佳收益率的方法，确定最佳现金持有量、信用政策和存货策略。

续表

序号	课程名称 (Module)	授课教师 (Teacher)	第几学年 (Grade)	学习成果 (Learning Outcomes, LO)	考核 (Assessment)	考核所占权重 (Weight)	考核对应考查的学习成果 (LO)	专业学习成果 (PLO)	评分标准 (Scoring Criteria)
7	财务管理实务	程继爽 谭智荆 王景香	二	LO1: 理解财务管理的概念、内容、环境和目标; LO2: 发展应用资金时间价值解决实际问题的技能; LO3: 发展预测企业资金需要量、分析计价各种筹资方式,计算资本成本,确定合理的筹资方式和最佳资本结构的技能; LO4: 应用净现值、现值指数和内部收益率法,为企业项目投资作出决策; LO5: 熟悉证券投资环境、工具和特点、股票和基金等基本投资工具,并批判性提出投资建议; LO6: 熟悉营运资金管理、发展现金管理、应收账款管理和存货管理的技能和策略; LO7: 了解股利分配的程序、内容和方式	考核 1: 作业(满分 100 分,共 4 次作业,每次作业 25 分。每位同学独立完成 4 次作业,主要包括: 资金时间价值计算、资金需要量计算、资本结构、项目投资管理、营运资金管理)	30%	LO2、LO3、LO4、LO6	PLO09	4. 及格(60~69 分):在实际工作场景,应用资金时间价值解决基本问题;简单计算各类资金成本并作出简单的资本结构决策;简单应用净现值、现值指数、内部收益率的方法,作出简单决策;信用政策和存货金持有量决策和筹资策略。 5. 不及格(60 分以下):在实际工作场景,无法独立应用资金时间价值解决任何问题;无法正确计算资本成本并作出资本结构决策;无法应用净现值、现值指数、内部收益率的方法,不会用专门技术的方法和方法作出正确决策;信用政策和存货持有量、确定最佳现金持有量和方法策略

续表

序号 (No.)	课程名称 (Module)	授课教师 (Teacher)	第几学年 (Grade)	学习成果 (Learning Outcomes, LO)	考核 (Assessment)	考核所占权重 (Weight)	考核对应考查的学习成果 (LO)	专业学习成果 (PLO)	评分标准 (Scoring Criteria)
7	财务管理实务	程继辉 谭智利 王景香	二	LO1: 理解财务管理的概念、内容、环境和目标; LO2: 发展应用资金时间价值解决实际问题的技能; LO3: 发展需量量, 分析评价各种筹资方式, 计算资本成本, 确定最佳资本结构的技能; LO4: 应用净现值、现值指数和内部收益率法, 为企业项目投资提供决策支持; LO5: 熟悉证券投资环境、工具和特点, 债券、股票分析评价基本投资工具, 并批判性地提出投资建议; LO6: 熟悉营运资金管理内容和方法, 发展现金管理、应收账款管理和存货管理的技能; LO7: 了解股利分配的程序、内容和方式	考核2: 小组作业(满分100分, 共1次小组作业。学生搜集、整理证券投资的相关知识, 用小组PPT展示股本市场中债券、股票或某基金其中的一种, 分析该现状和投资思路, 并回答老师提问)	20%	LO5	PLO9	1. 优秀(90分及以上): 独立搜集、整理证券投资资料充分, 并在汇报展示过程中清晰准确地叙述、评价每种投资工具, 有较好的语言表达能力。 2. 良好(80~89分): 独立搜集, 资料比较充分, 在汇报展示过程中可以准确叙述、评价每种投资工具, 准确回答老师提问; 3. 中等(70~79分): 独立搜集, 整理证券投资资料, 但资料不够充分, 在汇报展示过程中需要同学提示才可以完成任务, 能够回答老师提问, 语言表达能力不够清晰流畅。 4. 及格(60~69分): 独立搜集, 整理证券投资资料, 在汇报展示过程中能够讲述基本思路, 但对于细节方面表达不够清晰, 语言表达能力(60分以下): 无法独立搜集、整理证券投资资料, 无法完成汇报展示

续表

序号	课程名称 (Module)	授课教师 (Teacher)	第几学年 (Grade)	学习成果 (Learning Outcomes, LO)	考核 (Assessment)	考核所占权重 (Weight)	考核对应考查的学习成果 (LO)	专业学习成果 (PLO)	评分标准 (Scoring Criteria)
7	财务管理实务	程继爽 谭智俐 王景香	二	LO1：理解财务管理的概念、内容、环境和目标； LO2：发展应用资金时间价值解决实际问题的技能； LO3：发展预测企业资金需要量、分析评价各种筹资方式，计算资本成本、确定合理的筹资方式和最佳资本结构的技能； LO4：应用净现值和内部收益率提法，为企业项目投资提供决策支持； LO5：熟悉证券投资环境、工具和特点、客观分析评价债券、股票和基金等基本投资工具，并批判性地提出投资建议； LO6：熟悉营运资金管理内容和方法，发展现金管理和应收账款管理的技能和策略； LO7：了解股利分配的程序、内容和方式	考核3：考试（满分100分，题型包括：单选题30%，判断题10%，计算题50%，简答题10%。主要考查学生对知识点的理解与应用）	50%	LO1、 LO2、 LO3、 LO4、 LO5、 LO6、 LO7	PLO09	1. 优秀（90分及以上）：理解并准确回答财务管理相关所有知识点；在闭卷环境下，独立展示应用资金时间价值准确解决所有问题；熟练计算各类资金内部收益率的方法，选用净现值、现值指数和方法；用专门技术和方法确定最佳现金持有量、信用政策和存货策略。 2. 良好（80～89分）：理解并准确回答财务管理相关应用资金时间价值大部分知识点；在闭卷环境下，独立展示应用资金各类资本成本并确定最佳资本结构，比较熟练计算各类资金内部收益率、现值指数、现值的方法；选择正确的投资项目；用专门技术和方法确定最佳现金持有量、信用政策和存货策略。 3. 中等（70～79分）：理解并比较准确回答财务管理相关关键知识点，展示应用净现值、现值指数和内部收益率的方法，比较选择最佳资本结构的方法；在闭卷环境下，比较熟练应用净现值各类资金成本并确定最佳资本结构，现值指数和投资项目；可以用关键选择正确相关政策和方法，选择正确最佳现金持有量、信用政策和存货策略。

续表

序号	课程名称（Module）	授课教师（Teacher）	第几学年（Grade）	学习成果（Learning Outcomes, LO）	考核（Assessment）	考核所占权重（Weight）	考核对应考查的学习成果（LO）	专业学习成果（PLO）	评分标准（Scoring Criteria）
7	财务管理实务	程继爽 谭智丽 王景香	二	LO1：理解财务管理的概念、内容、环境和目标；LO2：发展应用资金时间价值解决实际问题的技能；LO3：发展衡量、分析评价各种筹资方式，计算各种筹资成本，合理应用筹资方式确定最佳资本结构的技能；LO4：应用净现值、现值指数和内部收益率为企业预测企业值，为企业项目投资提供决策支持；LO5：熟悉证券投资环境、工具和特点，客观分析评价基本投资工具，并批判性提出投资建议；LO6：熟悉营运资金管理现金管理、应收账款管理和存货管理的技能和策略；LO7：了解股利分配的程序、内容和方式	考核 3：考试（满分 100 分，题型包括：单选题 30%，判断题 10%，计算题 50%，简答题 10%。主要考查学生对知识点的理解与应用）	50%	LO1、LO2、LO3、LO4、LO5、LO6、LO7	PLO9	4. 及格（60～69 分）：理解并回答财务管理基本知识点；在闭卷环境下，展示应用资金时间价值解决基本问题；简单计算各类投资成本并作出简单决策；简单应用净现值、现值指数、内部收益率的方法作出简单决策；用基础知识确定最佳现金持有量、信用政策和存货策略。5. 不及格（60 分以下）：无法理解回答财务管理基本知识点；在闭卷环境下，无法独立应用资金时间价值并解决任何问题；无法正确计算各类投资成本、现值指数、内部收益率的方法，并应用净现值、现值指数、内部收益率的方法；无法正确应用专门技术和方法确定最佳现金持有量、信用政策和存货策略；不会用专门技术和方法确定最佳现金持有量、信用政策和存货策略

续表

序号	课程名称 (Module)	授课教师 (Teacher)	第几学年 (Grade)	学习成果 (Learning Outcomes, LO)	考核 (Assessment)	考核所占权重 (Weight)	考核对应考查的学习成果 (LO)	专业学习成果 (PLO)	评分标准 (Scoring Criteria)
8	财务报表分析	马立占	二	LO1: 解读财务报表; LO2: 有效应用财务报表计算财务指标; LO3: 有效应用财务报表客观思辨性地分析、判断、评价企业的财务状况; LO4: 展示在会计领域中能够胜任工作并且自信地工作，展示涉及的相关法律和道德方面的约束的知识	考核1：成果展示（任选一次实践作业汇报展示）	15%	LO3、LO4	PLO1、PLO2、PLO3、PLO6	1. 优秀（90 分及以上）：充分搜集了上市公司信息，演讲流畅，课件制作精美，财务分析透彻有创新。在工作环境中能够准确清晰地表达对个人观点，顺利完成对工作成果的展示。 2. 良好（80～89 分）：适当搜集了上市公司信息，演讲较好，课件制作美观，财务指标计算完整。但财务分析的逻辑不够清晰，不足以形成独立观点。在工作环境中需要进一步提高沟通能力以完成对工作成果的展示。 3. 中等（70～79 分）：少量搜集财务分析一般，演讲不太流利，在工作环境中表达个人观点及对工作成果展示的能力一般。 4. 及格（60～69 分）：没有准备上市公司信息，课件制作和财务分析不完整，以读为主，无法在工作环境中顺利表达个人观点，也无法顺利展示工作成果。 5. 不及格（60 分以下）：没有准备上市公司信息，没有制作课件，不愿意演讲

续表

序号	课程名称(Module)	授课教师(Teacher)	第几学年(Grade)	学习成果(Learning Outcomes, LO)	考核(Assessment)	考核所占权重(Weight)	考核对应考查的学习成果(LO)	专业学习成果(PLO)	评分标准(Scoring Criteria)
8	财务报表分析	马立占	二	LO1：解读财务报表；LO2：有效应用财务报表计算财务指标；LO3：有效应用财务报表客观思辩性地分析、判断，评价企业的财务状况；LO4：展示未来能够胜任工作领域中能够独立自信地工作，展示涉及法律和道德方面的知识	考核2：实践（共6~8次实践作业，主要是分析上市公司三大报表，计算财务指标，评价企业偿债能力、盈利能力、发展能力和营运能力）	85%	LO1、LO2、LO3、LO4	PLO1、PLO2、PLO3、PLO6、PLO12、PLO13	1. 优秀（90分及以上）：准确计算财务指标，分析三大财务报表中数据的勾稽关系，客观评价企业生产偿债能力、营运能力及盈利能力，指出企业生产经营过程中存在的大部分问题及优化的手段，为企业节约成本、扩大销售及技融资等方面的重大决策提供全面的依据，综合及全面完整。 2. 良好（80~89分）：准确计算财务指标，分析三大财务报表中数据的勾稽关系，可以评价企业的生产偿债能力、营运能力及盈利能力，扩大销售部门的部分决策提供依据。 3. 中等（70~79分）：准确计算财务指标，仅可以通过财务分析发现企业生产经营过程中存在的少量的重大决策提供有力依据，无法为企业的重大决策提供有力依据。 4. 及格（60~69分）：准确计算大部分财务指标，无法读懂三大财务报表，能够解读三大财务报表，但仅可才可以计算，能够通过财务分析生产经营过程中存在的少量问题，无法通过企业经营个人决策的重大决策提供有力依据。 5. 不及格（60分以下）：看不懂三大报表，不会计算财务指标，不能对上市公司财务数据进行分析

续表

序号	课程名称（Module）	授课教师（Teacher）	第几学年（Grade）	学习成果（Learning Outcomes, LO）	考核（Assessment）	考核所占权重（Weight）	考核对应考查的学习成果（LO）	专业学习成果（PLO）	评分标准（Scoring Criteria）
9	财务报表审计（一）	胡春霞 杜海霞	二	LO1：理解财务报表审计流程与目标，以及适用的审计准则；LO2：理解和有效应用财务报表审计的专业知识和技能；LO3：收集审计证据，评估审计风险，按照审计准则要求实施审计程序；LO4：发展基于审计准则、独立、客观公正地作出职业判断，并进行分析和评估的技能；LO5：编制业务循环审计工作底稿	考核 1：作业（10 次，主要包含单选题、多选题和分析题及审计工作底稿的填制，主要考查学生对知识点的理解与应用）	50%	LO1、LO2、LO3、LO5	PLO10、PLO12、PLO13	1. 优秀（90 分及以上）：会使用审计学科的概念，会用审计专业术语，会选用审计报告的格式，独立编制初步业务活动阶段的审计工作底稿。2. 良好（80～89 分）：全面理解审计学科的概念，能使用审计专业术语，采用审计报告的格式，独立编制初步业务活动阶段的大部分审计工作底稿，其余难度较高的底稿需要查阅教科书方能编制。3. 中等（70～79 分）：理解审计学科的概念，大致能使用审计专业术语，采用审计报告的部分格式，独立编制初步业务活动的部分审计工作底稿，比如签订业务约定书等。4. 及格（60～69 分）：基本理解审计学科的概念，基本能使用审计专业术语，采用审计报告的格式，在教师指导下能够编制初步业务活动的审计工作底稿。5. 不及格（60 分以下）：无法理解审计学科的概念，不能使用审计专业术语，不会采用审计报告的格式，不能编制初步业务活动的审计工作底稿

序号	课程名称（Module）	授课教师（Teacher）	第几学年（Grade）	学习成果（Learning Outcomes, LO）	考核（Assessment）	考核所占权重（Weight）	考核对应考查的学习成果（LO）	专业学习成果（PLO）	评分标准（Scoring Criteria）
9	财务报表审计（一）	胡春晖 杜海霞	二	LO1：理解财务报表审计流程与目标，以及适用的审计准则； LO2：理解和有效应用财务报表审计的专业知识和技能； LO3：收集审计证据，评估审计风险，按照审计准则要求实施审计程序； LO4：发展基于审计准则、独立、客观公正地作出职业判断，并进行分析和评估的技能； LO5：编制业务循环审计工作底稿	考核2：期末考试（包括客观题与主观题两大类，客观题为单选题、多选题，分析题、主观题为编制销售收款循环审计工作底稿）	50%	LO1、LO2、LO3、LO4、LO5	PLO10、PLO12、PLO13	1. 优秀（90分及以上）：考试成绩在90分及以上代表学生可以正确理解业务承接、风险评估，控制测试及销售循环下准确编制销售收款工作底稿，理解销售循环各类工作底稿的逻辑关系，并能独立完成销售收款循环审计证据的收集。 2. 良好（80～89分）：考试成绩在80～89分之间代表学生可以正确理解业务承接、风险评估，控制测试及销售循环下准确编制销售收款循环各类工作底稿，可以独立完成销售环境下准确编制销售收款的知识点，但需要在有经验的前辈指导下才可以完成销售收款循环全部的审计证据收集。 3. 中等（70～79分）：考试成绩在70～79分之间代表学生可以正确理解销售收款循环业务承接、风险评估，控制测试及销售循环审计中约70%的知识点，但对于剩余知识点还无法准确理解其内容和含义；可以在闭卷环境下准确编制销售收款循环主要的审计工作底稿，无法独立收集销售收款循环的前置审计证据，需要有经验的前辈在实际工作中进行简要指导后才可以完成销售收款循环下审计证据收集工作。

续表

序号	课程名称 (Module)	授课教师 (Teacher)	第几学年 (Grade)	学习成果 (Learning Outcomes, LO)	考核 (Assessment)	考核所占权重 (Weight)	考核对应考查的学习成果 (LO)	专业学习成果 (PLO)	评分标准 (Scoring Criteria)
9	财务报表审计（一）	胡春萍 杜海霞	二	LO1：理解财务报表审计流程与目标，以及适用的审计准则；LO2：理解和有效应用财务报表审计的专业知识和技能；LO3：收集审计证据，评估审计风险，按照审计准则要求实施审计程序；LO4：发展基于审计准则、独立、客观公正地作出职业判断，并进行分析和评估的技能；LO5：编制销售循环审计工作底稿	考核2：期末考试主要包括客观题与主观题两大类。（客观题为单选题、多选题，分析题、主观题为编制销售收款循环审计工作底稿）	50%	LO1、LO2、LO3、LO4、LO5	PLO10、PLO12、PLO13	4. 及格（60~69分）：考试成绩在60~69分之间代表学生可以正确理解业务承接、风险评估、控制测试及销售循环审计中约60%的知识点，但对于大部分知识点还无法准确理解其含义；可以在闭卷环境下准确编制销售收款循环简单的审计底稿；无法独立收集销售收款循环审计证据，需要企业中有经验的前辈实际指导后方可以完成销售收款循环审计证据收集工作。 5. 不及格（60分以下）：考试成绩在60分以下代表学生仅理解业务承接、风险评估、控制测试及销售收款循环审计的少量知识点，无法在闭卷环境下准确编制销售收款循环审计助理工作底稿；无法胜任审计工作

续表

序号	课程名称（Module）	授课教师（Teacher）	第几学年（Grade）	学习成果（Learning Outcomes, LO）	考核（Assessment）	考核所占权重（Weight）	考核对应考查的学习成果（LO）	专业学习成果（PLO）	评分标准（Scoring Criteria）
10	财务报表审计（二）	胡春萍 杜海霞 任于苹	三	LO1：理解和客观思辨地评价审计工作流程与审计证据获取方法；LO2：通过团队合作完成审计工作任务；LO3：发展基于被审计单位实际情况，制定审计计划，分析审计重点，确定审计方法，解决审计工作中的重点与难点问题的技能；LO4：独立、客观、公正地发表审计意见，出具审计报告的技能。反思相关知识和实际应用	考核1：项目考核（主观题为编制审计工作底稿，业务循环，比如销售与付收款，采购与付款，筹资与投资等）	50%	LO2、LO3、LO4	PLO10、PLO12、PLO13	1. 优秀（90分及以上）：会使用审计专业术语，会选用审计报告的概念、格式，会编制审计工作底稿，比如签订业务约定书，出具审计报告，会与管理层沟通问题，发表审计意见等。2. 良好（80~89分）：全面理解审计学科的概念，能使用审计专业术语，采用审计报告的格式，编制审计工作底稿，比如签订业务约定书，出具审计报告，能与管理层沟通问题，发表审计意见等。3. 中等（70~79分）：理解审计学科的概念，大致能使用审计专业术语，采用审计报告的格式，编制审计工作底稿，比如签订业务约定书，出具审计报告，能与管理层沟通问题，发表审计意见等。4. 及格（60~69分）：基本理解审计学科的概念，基本能使用审计专业术语，编制审计工作底稿，采用审计报告的格式，比如签订业务约定书，出具审计报告，能与管理层沟通问题，发表审计意见等。5. 不及格（60分以下）：无法理解审计学科的概念，不会使用审计专业术语，不采用审计工作底稿的格式，不能独立编制审计工作底稿，比如签订业务约定书，出具审计报告，不能与管理层沟通问题，发表审计意见等

续表

序号	课程名称（Module）	授课教师（Teacher）	第几学年（Grade）	学习成果（Learning Outcomes, LO）	考核（Assessment）	考核所占权重（Weight）	考核对应考查的学习成果（LO）	专业学习成果（PLO）	评分标准（Scoring Criteria）
10	财务报表审计（二）	胡春萍 杜海霞 任干丰	三	LO1：理解和客观思辨地评价审计工作流程与审计证据获取方法；LO2：通过团队合作完成审计工作任务；LO3：发展基于被审计单位实际情况，制定审计计划、确定审计重点，解决审计工作中的重点与难点问题的技能；LO4：独立、客观、公正地发表审计意见，出具审计报告的技能，反思知识相关应用和实际应用	考核2：期末考试（主要包含单选题、多选题和分析题，主要考查学生运用知识点理解与应用，考查学生以第三方视角独立评价企业的能力）	50%	LO1、LO2、LO3、LO4	PLO10、PLO12、PLO13	1. 优秀（90 分及以上）：考试成绩在 90 分及以上代表学生可以正确理解财务报表审计的全部知识点；可以在闭卷环境下准确编制销售收款循环、采购付款循环、生产仓储循环、筹投资及货币资金等审计工作底稿，理解各类工作底稿的逻辑关系；并能独立完成销售收款循环、采购付款循环、生产仓储循环、筹投资及货币资金等审计证据的收集。2. 良好（80~89 分）：考试成绩在 80~89 分之间代表学生可以正确理解财务报表审计的大部分知识点，可以在闭卷环境下准确编制销售收款循环、采购付款循环、生产仓储循环、筹投资及货币资金等审计工作底稿，需要在有经验的前辈指导下才可以完成销售收款循环、采购付款循环、生产仓储循环、筹投资及货币资金等全部的审计证据收集工作。

续表

序号	课程名称（Module）	授课教师（Teacher）	第几学年（Grade）	学习成果（Learning Outcomes, LO）	考核（Assessment）	考核所占权重（Weight）	考核对应考查的学习成果（LO）	专业学习成果（PLO）	评分标准（Scoring Criteria）
									3. 中等（70～79 分）：考试成绩在 70～79 分之间代表学生可以正确理解财务报表审计中约 70% 的知识点，但对于剩余知识点还无法准确理解其内容和含义；可以在闭卷环境下准确编制销售收款循环、采购付款循环、生产仓储循环、筹投资及货币资金等主要的审计工作底稿；无法独立完成审计证据，需要经验的前辈在实际工作中进行简要指导后才可以完成销售收款循环、采购付款循环、生产仓储循环、筹投资及货币资金等审计证据收集等工作。 4. 及格（60～69 分）：考试成绩在 60～69 分之间代表学生可以正确理解财务报表审计中约 60% 的知识点，但对于大部分知识点还无法准确理解销售收款循环、采购付款循环、生产仓储循环、筹投资及货币资金等审计证据等简单的审计工作底稿；无法独立完成审计证据，需要企业中有经验的前辈在实际工作中进行详细指导后可以完成销售收款循环、采购付款循环、生产仓储循环、筹投资及货币资金等审计证据收集工作。 5. 不及格（60 分以下）：考试成绩在 60 分以下代表学生仅理解财务报表准确编制销售收款循环、采购付款循环、生产仓储循环、筹投资及货币资金等审计的少量知识点，采购付款循环、生产仓储循环、筹投资及货币资等审计助理审计工作。
10	财务报表审计（二）	胡春萍杜海霞任干萍	三	LO1：理解和客观思辨地评价审计工作流程与审计证据获取的方法；LO2：通过团队合作完成审计工作任务；LO3：发展基于被审计单位实际情况，制定审计计划，分析审计重点，解决审计工作中的重点与难点问题的技能；LO4：独立、客观、公正地发表审计意见，出具审计报告的技能。反思知识和实际的相关知识应用	考核 2：期末考试（主要包含单选题、多选题和分析题，主要考查学生运用知识点理解与应用，考查学生以第三方视角独立评价企业的能力）	50%	LO1、LO2、LO3、LO4	PLO10、PLO12、PLO13	

续表

序号	课程名称(Module)	授课教师(Teacher)	第几学年(Grade)	学习成果(Learning Outcomes, LO)	考核(Assessment)	考核所占权重(Weight)	考核对应考查的学习成果(LO)	专业学习成果(PLO)	评分标准(Scoring Criteria)
11	管理会计	谭智利 朱昌文 程继兼	三	LO1: 了解管理会计的涵义和基本内容，分析评价管理会计和财务会计的区别和联系；LO2: 发展成本性态分析技能，有效应用变动成本法的基本内涵和特点，解释评价企业实际盈利情况；LO3: 发展利用本量利模型分析实际工作场景利和保状况及实际反思相关知识及实际应用；LO4: 发展经营预测的技术技能，开算企业的销售预测，与资金预测；LO5: 理解全面预算管理、作业成本管理、绩效管理的概念、方法和工具。	考核1: 作业（满分100分，完成4个项目实训作业包括：成本性态分析25%；变动成本法30%；本量利分析30%；经营预测15%）	50%	LO1, LO2, LO3, LO4	PLO09	1. 优秀（90分及以上）：在实际工作场景独立展示管理会计分析方法，如成本性态分析、变动成本法、本量利分析、预测的常见方法；能够利用上述方法进行计算，并作出相应决策。2. 良好（80~89分）：在实际工作场景利利同学一起展示管理会计分析方法，如成本性态分析、变动成本法、本量利分析、预测的常见方法等；能够利用上述方法进行相关计算，并作出决策。3. 中等（70~79分）：在实际工作场景需要同学协助展示管理会计分析方法，如成本性态分析、变动成本法、本量利分析、预测的常见方法；能够利用上述方法进行关键步骤计算。4. 及格（60~69分）：在实际工作场景展示变动成本分析方法，如成本性态分析、变动成本法、本量利分析、预测的常见方法等；能够利用上述方法进行基本计算。5. 不及格（60分以下）：不能展示管理会计的基本方法，如成本性态分析、变动成本法、本量利分析、预测的常见方法等；不能利用上述方法进行计算，不能作出相应决策。

序号	课程名称（Module）	授课教师（Teacher）	第几学年（Grade）	学习成果（Learning Outcomes, LO）	考核（Assessment）	考核所占权重（Weight）	考核对应考查的学习成果（LO）	专业学习成果（PLO）	评分标准（Scoring Criteria）
11	管理会计	谭智俐 宋昌文 程继爽	三	LO1：了解管理会计的涵义和基本内容，分析和评价管理会计和财务会计的区别和联系；LO2：发展成本性态分析技能，有效应用变动成本法的基本内涵和特点，解释评价企业实际盈利情况；LO3：发展利用本量利模型分析实际工作场景下企业的盈利和保本状况并反思相关知识以及实际应用；LO4：发展经营预测的企业技术技能，开展企业的销售预测与资金预测；LO5：理解全面成本管理、作业成本管理、绩效管理的概念、方法和工具	考核2：期末考试（满分100分，题型包括：判断题20%，计算单选题30%，计算题50%。主要考查学生对管理会计知识点的理解与管理技术的应用）	50%	LO1、LO2、LO3、LO4、LO5	PLO9	1. 优秀（90分及以上）：准确理解回答管理会计全部相关知识点，如成本性态、变动成本法、本量利、经营预算、预算管理、绩效管理等；在闭卷环境下独立展示管理会计的技术方法，如成本性态分析、变动成本法、本量利分析，能够利用上述方法进行计算，并作出相应决策。2. 良好（80～89分）：准确理解回答管理会计大部分相关知识点，如成本性态、变动成本法、本量利、经营预测、预算管理、绩效管理等；在闭卷环境下展示大部分管理会计分析方法，如成本性态分析、变动成本法、本量利分析，能够利用上述方法进行相关计算，并作出决策。3. 中等（70～79分）：比较准确回答管理会计主要知识点，如成本性态、本量利、经营预测、预算管理、绩效管理等；在闭卷环境下展示关键管理会计分析方法，如成本性态分析、变动成本法，能够利用上述方法进行关键步骤的计算。

续表

序号 (Module)	课程名称 (Module)	授课教师 (Teacher)	第几学年 (Grade)	学习成果 (Learning Outcomes, LO)	考核 (Assessment)	考核所占权重 (Weight)	考核对应考查的学习成果 (LO)	专业学习成果 (PLO)	评分标准 (Scoring Criteria)
11	管理会计	谭智俐 宋昌文 程继兼	三	LO1: 了解管理会计的涵义和基本内容，分析评价财务会计和管理会计的区别和联系；LO2: 发展成本性态分析技能，有效应用变动成本法的基本内涵和特点，解释评价企业实际盈利情况；LO3: 发展利用本量利模型分析实际工作场景下企业的盈利和保本状况并反思相关知识及实际应用；LO4: 发展经营预测的技术技能，开展企业的销售预测与资金预测；LO5: 理解全面预算管理、作业成本管理、绩效管理的概念、方法和工具	考核 2: 期末考试，题型（满分 100 分，包括: 判断题 20%，计算题 30%，单选题 50%。主要考查学生对管理会计知识点的理解与管理技术的应用）	50%	LO1, LO2, LO3, LO4, LO5	PLO9	4. 及格（60~69 分）: 基本理解回答管理会计相关知识点，如成本性态、变动成本法、本量利、经营预算、预算管理、作业成本管理、绩效管理等；在闭卷环境下展示基本成本性态分析、能够利用上述方法进行基本分析方法，如成本性态分析、变动成本法、本量利分析方法等步骤的计算。5. 不及格（60 分以下）: 无法准确理解管理会计相关知识点，不能展示管理成本分析方法，如成本性态分析、变动成本法、本量利分析方法等；不能利用上述方法进行计算，不能作出相应决策

续表

序号	课程名称 （Module）	授课教师 （Teacher）	第几学年 （Grade）	学习成果 （Learning Outcomes, LO）	考核 （Assessment）	考核所占权重 （Weight）	考核对应考查的学习成果 （LO）	专业学习成果 （PLO）	评分标准 （Scoring Criteria）
12	顶岗实习	全体专业教师	三	LO1：认知企业组织架构、工作岗位、企业文化及相关制度； LO2：理论联系实际，将课程中所学的会计知识应用于实际工作中，并通过实际工作检验所学习效果，工作岗位包括：会计、出纳、审计师助理等； LO3：发展实际工作中良好职业意识、职业习惯、职业道德； LO4：发展学习能力、思辨能力以及在陌生环境中团队协作及解决问题的能力； LO5：总结实习中的经验与不足，反思所获得的知识及其实际应用，并撰写实习报告	考核1：企业认知测试考核	5%	LO1、LO2、LO3、LO4、LO5	PLO1、PLO2、PLO3、PLO4、PLO11、PLO12、PLO13	1. 合格：（100分）：企业认知试卷成绩在70分及以上，说明学生了解企业的概念、主要任务、基本类型、组织形式、管理模式等相关应知概念。对于学生毕业以后选择企业就业提供帮助。 2. 不合格（0分）：企业认知试卷成绩低于70分，说明学生对于企业缺乏基本的了解，从而在选择就业行业时对于企业的这一选择方向带有一定的盲目性

续表

序号	课程名称（Module）	授课教师（Teacher）	第几学年（Grade）	学习成果（Learning Outcomes, LO）	考核（Assessment）	考核所占权重（Weight）	考核对应考查的学习成果（LO）	专业学习成果（PLO）	评分标准（Scoring Criteria）
12	顶岗实习	全体专业教师	三	LO1：认知企业组织架构、工作岗位、企业文化及相关制度；LO2：理论联系实际，将课程中所学的会计知识应用于实际工作中，并通过在校学习效果、工作岗位包括：会计、出纳、审计师助理等；LO3：发展实际工作中良好职业意识、职业道德、职业习惯；LO4：发展能力以及思辨能力，在陌生环境中团队协作及解决问题的能力；LO5：总结实习中的经验与不足，反思所获得的知识及其实际应用，并撰写实习报告	考核 2：实习日志	10%	LO1、LO2、LO3、LO4、LO5	PLO1、PLO2、PLO3、PLO4、PLO11、PLO12、PLO3	1. 优秀（90 分及以上）：实习日志填写数量不低于当日实习工作及时，结构完整，详实，能够全面总结出实习工作中的得与失，内容丰富、条理清晰。2. 良好（80~89 分）：实习日志填写数量不低于 20 篇，能够及时填写实习日志，结构完整，但不高于 20% 的实习日志的内容的完整性及详实程度不足。3. 中等（70~79 分）：实习日志填写数量不低于 20 篇，能够及时填写实习日志，结构完整，但不高于 30% 的实习日志的内容的完整性和详实程度不足。4. 及格（60~69 分）：实习日志填写数量不低于 20 篇，基本能够总结出实习日志，结构完整，但不高于 40% 的实习日志中内容的完整性及详实程度不足。5. 不及格（60 分以下）：实习日志填写数量超过 40% 的实习日志填写不完整，内容简单，不能够总结出实习工作中的得与失。

续表

序号 （Module）	课程 名称 （Module）	授课 教师 （Teacher）	第几 学年 （Grade）	学习 成果 （Learning Outcomes, LO）	考核 （Assessment）	考核所 占权重 （Weight）	考核对 应考查 学习成果 （LO）	专业 学习 成果 （PLO）	评分标准 （Scoring Criteria）
12	顶岗实习	全体专 业教师	三	LO1：认知企业组织架构、企业岗位，工作文化及相关制度； LO2：理论联系实际，将课程中所学的会计知识应用于实际工作中，并通过实际工作检验在校学习效果，工作岗位包括：会计、出纳、审计师助理等； LO3：发展实践工作中良好职业意识、职业习惯、职业道德； LO4：发展学习能力、思辨能力以及在陌生环境中团队协作及解决问题的能力； LO5：总结实习中的经验与不足，反思所获得的知识及其实际应用，并撰写实习报告	考核 3：撰写实习报告	25%	LO1、LO2、LO3、LO4、LO5	PLO1、PLO2、PLO3、PLO4、PLO11、PLO12、PLO3	1. 优秀（90 分及以上）：实习报告字数、体例符合学院要求，内容丰富，结构完整，条理清晰，对实习工作全过程阐述完整，能够全面地总结出实习工作中的收获和存在的问题，对于未来的专业学习和工作能够提出明确目标并制定合理实现措施。 2. 良好（80 ~ 89 分）：实习报告字数、体例符合学院要求，实习报告的内容比较丰富，结构完整，条理较清晰，能够完整说明实习工作全过程，对于实习中的收获和存在的问题大多数能够总结出来。对于未来的规划合理的部分能够制定较合理的实施措施。 3. 中等（70 ~ 79 分）：实习报告字数体例符合学院要求，实习报告结构完整，条理较清晰，能够描述出实习工作的大部分内容，能够总结出实习工作中存在的部分问题，对未来的专业学习和工作能够提出规划并制定实施措施。

续表

序号	课程名称（Module）	授课教师（Teacher）	第几学年（Grade）	学习成果（Learning Outcomes, LO）	考核（Assessment）	考核所占权重（Weight）	考核对应考查的学习成果（LO）	专业学习成果（PLO）	评分标准（Scoring Criteria）
12	顶岗实习	全体专业教师	三	LO1：认知企业组织架构、工作岗位、企业文化及相关制度；LO2：理论联系实际，将课程中所学的会计知识应用于实际工作中，并通过实际工作检验在校学习效果，工作岗位包括：会计、出纳、审计师助理等；LO3：发展实际工作中良好职业意识、职业习惯、职业道德；LO4：发展学习能力、思辨能力以及在陌生环境中团队协作及解决问题的能力；LO5：总结实习中的经验与不足，反思所获得的知识及其实际应用，并撰写实习报告	考核 3：撰写实习报告	25%	LO1，LO2，LO3，LO4，LO5	PLO1，PLO2，PLO3，PLO4，PLO11，PLO12，PLO3	4. 及格（60～69 分）：实习报告字数、体例符合学院要求，实习报告结构基本完整、条理清晰，对于实习中的收获以及未来的专业学习不够全面，但报告内容不够详实，对于实习过程、但实施措施不够详实。5. 不及格（60 分以下）：实习报告字数、体例不符合学院要求，实习报告中不能完整描述实习感受及实习工作中存在的问题、不能阐述实习和工作收获和存在的问题，对于未来学习和工作缺乏规划

续表

序号 （No.）	课程 名称 （Module）	授课 教师 （Teacher）	第几 学年 （Grade）	学习 成果 （Learning Outcomes, LO）	考核 （Assessment）	考核所 占权重 （Weight）	考核对 应考查 的学习 成果 （LO）	专业 学习 成果 （PLO）	评分标准 （Scoring Criteria）
12	顶岗实习	全体专业教师	三	LO1：认知企业组织架构、工作岗位、企业文化及相关制度； LO2：理论联系实际，将课程中所学的会计知识应用于实际工作中，并通过实际工作检验在校学习效果，工作岗位包括：会计、出纳、审计师助理等； LO3：发展实际工作中良好职业意识、职业习惯、职业道德； LO4：发展学习能力以及思辨能力以及在陌生环境中团队协作及解决问题的能力； LO5：总结实习中的经验与不足，反思所获得的知识及其实际应用，并撰写实习报告	考核 4：在实习单位的综合表现	60%	LO1、 LO2、 LO3、 LO4、 LO5	PLO1、PLO2、PLO3、PLO4、PLO11、PLO12、PLO13	1. 优秀（90 分及以上）：对于所承担岗位的各项工作中不低于 90% 的部分能够在教师指导下完成，及时完成，严格部分能够在教师指导下完成，工作态度认真，严格遵守实习单位各项规章制度，有一定的职业能力和职业素养，在陌生的工作环境中能够很快地融入环境，工作能力形成和谐融洽的工作关系，工作能力得到主管领导的肯定以及同事的认可。实习单位对其实习期间的各项表现的评价成绩不低于 90 分。 2. 良好（80～89 分）：对于所承担岗位的各项工作中不低于 80% 的部分能够在教师指导下完成，及时完成，剩余部分能够在教师指导下完成，工作态度认真，严格遵守实习单位各项规章制度，有一定的职业能力和职业素养，在陌生的工作环境中能够适应才能融入环境，工作关系，并能够得到团队成员以及同事的认可，工作能力得到主管领导的肯定以及同事的肯定的评价的肯定以及表现的评价成绩不低于 80 分。 3. 中等（70～79 分）：对于所承担岗位的各项工作中不低于 70% 的部分能够在教师指导下完成，及时完成，剩余部分能够在教师指导下完成，工作

续表

序号	课程名称 (Module)	授课教师 (Teacher)	第几学年 (Grade)	学习成果 (Learning Outcomes, LO)	考核 (Assessment)	考核所占权重 (Weight)	考核对应考查的学习成果 (LO)	专业学习成果 (PLO)	评分标准 (Scoring Criteria)
12	顶岗实习	全体专业教师	三	LO1: 认知企业组织架构、工作岗位、企业文化及相关制度; LO2: 理论联系实际，将课程中所学的会计知识应用于实际工作中，并通过实际工作检验在校学习效果，工作岗位包括：会计、出纳、审计师助理等; LO3: 发展实际工作中良好职业意识、职业习惯、职业道德; LO4: 发展学习能力、思辨能力以及在陌生环境中团队协作中及解决问题的能力; LO5: 总结实习中的经验与不足，反思所获得的知识及其实际应用，并撰写实习报告	考核4：在实习单位的综合表现	60%	LO1, LO2, LO3, LO4, LO5	PLO1, PLO2, PLO3, PLO4, PLO11, PLO12, PLO13	态度认真，能够遵守实习单位各项规章制度，有一定的职业能力和职业素养，在陌生的工作环境中需要一定时间成本适应才能融入环境并与团队成员形成和谐的工作关系，工作能力成果领导以及同事的认可。实习单位对其实习期间的各项表现的评价成绩不低于70分。 4. 及格（60~69分）：对于所承担岗位的各项工作中不低于60%的各项完成，剩余部分能够在教师指导下完成，及时完成，态度认真，能够遵守实习单位各项规章制度，具备基本的职业能力需要较长的时间适应才能融入工作环境并与团队成员形成和谐的工作关系，工作能力能够融入团队并能够得到主管领导和同事的基本认可。对于其实习期间的各项表现的评价成绩不低于60分。 5. 不及格（60分以下）：对于所承担的各项工作中的高于40%的部分不能够正确，及时完成，在教师指导下仍然有部分工作不能完成，工作态度一般，职业能力不足，职业适应环境并无法与团队成员和同事相处，工作能力未能得到主管领导与同事的认可。实习单位对其实习期间的各项表现的评价成绩低于60分

续表

序号	课程名称（Module）	授课教师（Teacher）	第几学年（Grade）	学习成果（Learning Outcomes, LO）	考核（Assessment）	考核所占权重（Weight）	考核对应考查的学习成果（LO）	专业学习成果（PLO）	评分标准（Scoring Criteria）
13	毕业设计	全体专业教师	三	LO1：发展专业领域文献检索技能；LO2：搜集、选择、分析和综合各类信息；LO3：根据所选主题拟定文章框架，整理论据和论点；LO4：按照毕业设计规范和体例要求，在指导老师指导下独立完成毕业设计；LO5：发展口头和书面沟通技能，在论文答辩中对有关提问进行思辨性反馈	考核1：毕业设计	50%	LO1、LO2、LO3、LO4、LO5	PLO1、PLO2、PLO3、PLO4、PLO11、PLO12、PLO13	1. 优秀（90分及以上）：论文题目符合专业内容，开题报告及时，内容完整。具备很强的信息搜集和整理能力，能够通过多种方式得到完成论文所需的信息，信息丰富、完备。文章论点明确、新颖，论述过程完整，结构严谨，具有较高的实用性，体例符合学院要求。毕业设计各项工作完成时同符合同要求。能够及时主动地与指导老师沟通并按照指导教师修改和完善。2. 良好（80~89分）：论文题目符合专业内容，开题报告及时，内容较完整。有一定的信息搜集和整理能力，能够获取较多的有关论文过程完整。文章论点明确、结构严谨，但创新性不足，论述过程完整，结构严谨要求，有一定的实用性，体例符合学院要求，毕业设计各项工作完成时同符合学院要求，能够主动与指导教师沟通并按照指导教师要求完成修改和完善。

续表

序号	课程名称(Module)	授课教师(Teacher)	第几学年(Grade)	学习成果(Learning Outcomes, LO)	考核(Assessment)	考核所占权重(Weight)	考核对应考查的学习成果(LO)	专业学习成果(PLO)	评分标准(Scoring Criteria)
13	毕业设计	全体专业教师	三	LO1: 发展专业领域文献检索技能; LO2: 搜集、选择、分析和综合各类信息; LO3: 根据所选主题拟定文章框架, 整合论据和论点; LO4: 按照毕业设计规范和体例要求, 在指导老师指导下独立完成毕业设计; LO5: 发展口头和书面沟通技能, 在论文答辩中对有关提问进行思辨性反馈	考核1: 毕业设计	50%	LO1, LO2, LO3, LO4, LO5	PLO1, PLO2, PLO3, PLO4, PLO11, PLO12, PLO13	3. 中等(70~79分): 论文题目符合专业内容, 开题报告及时, 内容较完整。有一定的信息搜集和整理能力, 所搜集的信息能够满足完成论文所需。文章论点较完整, 结构合理, 有一定的实用性, 体例基本符合学院要求, 完成时间基本符合按照教师要求完成修改和完善。 4. 及格(60~69分): 论文题目符合专业内容, 开题报告及时, 内容基本完整。有信息搜集和整理能力, 所搜集的信息基本能够完成论文所需。文章论点明确, 但不具创新性, 但实用性不足, 体例基本符合学院要求, 完成时间基本符合指导教师的要求完成修改, 基本上能按照指导教师的要求完成修改。 5. 不及格(60分以下): 论文题目符合专业内容, 开题报告不及时, 内容不完整。信息搜集能力不足, 所搜集和整理的信息不能够满足完成论文所需, 完成论文的论点不明确, 论述过程不完整, 没有创新性, 不具备实用性。不符合学院要求, 完成时间同不符合学院要求, 不能主动与指导教师沟通

序号 (No.)	课程名称 (Module)	授课教师 (Teacher)	第几学年 (Grade)	学习成果 (Learning Outcomes, LO)	考核 (Assessment)	考核所占权重 (Weight)	考核对应考查的学习成果 (LO)	专业学习成果 (PLO)	评分标准 (Scoring Criteria)
13	毕业设计	全体专业教师	三	LO1: 发展专业领域文献检索技能； LO2: 搜集、选择、分析和综合各类信息； LO3: 根据所选主题拟定文章框架，整合论据和论点； LO4: 按照毕业设计规范和体例要求，在指导老师指导下独立完成毕业设计； LO5: 发展口头和书面沟通技能，在论文答辩中对有关思路进行进行辩护性反馈	考核2：毕业答辩	50%	LO1、LO2、LO3、LO4、LO5	PLO1、PLO2、PLO3、PLO4、PLO11、PLO12、PLO13	1. 优秀（90分及以上）：能流利、清晰、规范地介绍自己的选题；完成毕业设计，过程完整；毕业设计具有先进性、可行性和可操作性；有创意，质量高。陈述方案充足、完整，在规定时间内完成，简明扼要，重点突出，口齿清楚，仪态自然；陈述的内容很好地反映出该学生的毕业设计成果。有理论根据，基本概念清楚；对于答辩教师的问题超过90%回答正确，重点突出，逻辑性好，知识的综合应用能力强。 2. 良好（80～89分）：能流利、清晰、规范地介绍自己的选题；完成毕业设计，过程完整；毕业设计具有可行性和可操作性，有一定的创意，质量较高。陈述方案充足、完整，在规定时间内完成，表达时思路清晰，仪态自然，重点突出，口齿清楚，基本概念清楚；陈述的内容很好地反映出该学生的毕业设计成果。有理论根据，基本概念清楚；对于答辩教师的问题超过80%回答正确，逻辑性好，知识的综合应用能力强。 3. 中等（70～79分）：基本能流利、规范地介绍自己的选题；完成毕业设计，过程较完整；毕业设计具有可行性和可操作

续表

序号 (Grade)	课程名称 (Module)	授课教师 (Teacher)	第几学年 (Grade)	学习成果 (Learning Outcomes, LO)	考核 (Assessment)	考核所占权重 (Weight)	考核对应考查的学习成果 (LO)	专业学习成果 (PLO)	评分标准 (Scoring Criteria)
13	毕业设计	全体专业教师	三	LO01: 发展专业领域文献检索技能；LO02: 搜集、选择、分析和综合各类信息；LO03: 根据所选主题拟定文章框架，整合论据和论点；LO04: 按照毕业设计规范和体例要求，在指导老师指导下独立完成毕业设计；LO05: 发展口头和书面沟通技能，在论文答辩中对有关提问进行思辨性反馈	考核2：毕业答辩	50%	LO01、LO02、LO03、LO04、LO05	PLO01、PLO02、PLO03、PLO04、PLO011、PLO012、PLO13	性；但创意不足，质量一般。陈述方案较充足，完整，在规定时间内完成；表达时思路较清晰，重点较突出，口齿清楚，仪态自然；仅述的内容能反映出该学生的毕业设计成果。有理论根据超过70%回答正确，重点较突出，逻辑问题超过70%回答正确，知识的综合应用能力一般。性较好，知识的综合应用能力一般。 4. 及格（60～69分）：基本能规范地介绍自己的选题；完成毕业设计过程基本完整，质量一般。陈述方案基本可行性，但创意不足，设计具有一定可行性；陈述方案在规定时间内完成。表达时内容基本完整，口齿较清楚，仪态自然，陈述的内容基本能反映出毕业设计成果；对于一定的理论根据超过60%回答正确，有一定的逻辑性，知识的综合应用能力一般。 5. 不及格（60分以下）：不能规范地介绍自己的选题；完成毕业设计方法不科学，过程不完整；毕业设计缺乏可行性；缺乏创意，质量不高。陈述方案思路不够清晰，表达不完整，表达时该学生的毕业设计成果不能完整反映出其毕业设计成果；缺乏理论根据，基本概念不够清楚；对于答辩教师的问题低于60%回答正确，知识的综合应用能力不足

续表

序号	课程名称（Module）	授课教师（Teacher）	第几学年（Grade）	学习成果（Learning Outcomes, LO）	考核（Assessment）	考核所占权重（Weight）	考核对应考查的学习成果（LO）	专业学习成果（PLO）	评分标准（Scoring Criteria）
14	预算管理	宋昌文	二	LO1：理解预算的概念、特征和作用，了解预算分类与预算体系、预算工作的组织； LO2：理解并应用预算的编制方法与程序； LO3：发展利用Excel等工具，根据企业实际情况熟练编制预算表及财务预产预算表等各类预算表的技能； LO4：展示有效和恰当的思辨，分析、评价编制的预算表及其相互关系；	考核1：实训作业（实训作业满分100分，分小组完成一个大型的实训作业，每位小组成员需要根据实训资料完成运用本学期知识完成实训手册中要求的预算表；并在课堂上以ppt的形式展示本次实训作业完成的各个预算表，同时由教师随机提问每一位小组成员汇报1～2个预算表的编制过程及各预算表之间的勾稽关系）	50%	LO2、LO3、LO4		1. 优秀（90分及以上）：实训作业在90分及以上代表学生可以独立准确编制全部预算表，并在汇报展示过程中清晰准确地叙述该预算表的详细过程，有较好的语言表达能力。 2. 良好（80～89分）：实训作业在80～89分之间代表学生可以独立准确编制实训手册中80%的预算表，但剩余难度较大的预算表需要教师指导完成；在汇报展示过程中可以准确叙述编制该预算表的详细过程，但语言表达不够清晰流畅。 3. 中等（70～79分）：实训作业在70～79分之间代表学生仅可以独立编制实训手册中50%的预算表，但剩余预算表中需要同组或教师指导才可以完成；在汇报展示过程中语言表达能力不够清晰流畅。

基于 UK NARIC 的高等职业院校双高会计专业国际认证研究

续表

序号	课程名称(Module)	授课教师(Teacher)	第几学年(Grade)	学习成果(Learning Outcomes, LO)	考核(Assessment)	考核所占权重(Weight)	考核对应考查的学习成果(LO)	专业学习成果(PLO)	评分标准(Scoring Criteria)
14	预算管理	宋昌文	二	LO1: 理解预算的概念、特征和作用,了解预算分类与预算体系、预算工作的组织;LO2: 理解并应用预算的编制方法与程序;LO3: 发展利用Excel等工具,根据企业实际情况熟练编制销售预算表、生产预算表及财务预算表等各类预算表的技能;LO4: 展示有效和恰当的思辨,分析、评价编制的预算表及其相互关系	考核1: 实训作业(实训作业满分100分,分小组完成一个大型的实训作业,每位小组成员需要根据实训资料完成运用本学期知识中要求完成实训手册中要求的预算表;并在课堂上以ppt的形式展示本次实训完成的各个预算表,同时由教师随机提问每一位小组成员汇报1~2个预算表的编制过程及各预算表之间的勾稽关系)	50%	LO2、LO3、LO4		4. 及格(60~69分): 实训作业在60~69分之间代表学生仅可以独立编制实训手册中20%的预算表,但剩余预算表需要查阅教科书并在教师和同组同学帮助与指导下完成;在汇报展示过程中能够讲述预算编制的大致流程,但对于细节方面不够熟练,语言表达能力不够清晰流畅。5. 不及格(60分以下): 实训作业在60分以下代表学生无法独立编制实训手册中的大部分预算表,需要查阅教科书并在教师和同组同学的指导下才可以完成实训作业;无法完成汇报展示

续表

序号	课程名称（Module）	授课教师（Teacher）	第几学年（Grade）	学习成果（Learning Outcomes, LO）	考核（Assessment）	考核所占权重（Weight）	考核对应考查的学习成果（LO）	专业学习成果（PLO）	评分标准（Scoring Criteria）
14	预算管理	宋昌文	二	LO1：理解预算的概念、特征和作用，了解预算分类与预算体系、预算工作的组织； LO2：理解并应用预算的编制方法与程序； LO3：发展利用Excel等工具，根据企业实际情况熟练编制销售预算、生产预算表及财务预算表等各类预算表的实际操作技能； LO4：展示有效和恰当的思辨，分析、评价编制的预算表及其相互关系	考核2：闭卷考试（考试试卷满分为100分，主要包含单选题、多选题和计算题，主要考查学生对预算编制方法与程序、编制具体预算表等知识点的理解与应用）	50%	LO1、LO2、LO3		1. 优秀（90分及以上）：考试成绩在90分及以上代表学生可以正确理解预算管理学科的全部知识点，可以在闭卷预算表环境下准确编制各类预算表、理解各业务部门的勾稽关系；并能独立在企业财务部门下准确完成预算工作，为企业下一阶段的生产、经营和投资等决策提供指导。 2. 良好（80~89分）：考试成绩在80~89分之间代表学生可以正确理解预算管理学科的大部分知识点，可以在闭卷环境下准确编制大部分预算表，可以独立完成需要企业财务部门有经验的前辈进行指导才可以完成如资金预算和财务内报表预算等复杂预算工作。 3. 中等（70~79分）：考试成绩在70~79分之间代表学生可以正确理解预算管理学科中约70%的知识点，但还可剩余知识点还无法准确理解其内容和含义；可以在闭卷环境下准确编制核心的预算表，无法独立在企业财务部门完成预算工作，需要企业中有经验的前辈在实际工作中进行短期指导后才可以完成企业中实际的预算工作。

续表

序号	课程名称 (Module)	授课教师 (Teacher)	第几学年 (Grade)	学习成果 (Learning Outcomes, LO)	考核 (Assessment)	考核所占权重 (Weight)	考核对应考查的学习成果 (LO)	专业学习成果 (PLO)	评分标准 (Scoring Criteria)
14	预算管理	宋昌文	二	LO1：理解预算的概念、特征和作用，了解预算分类与预算体系、预算工作的组织； LO2：理解并应用预算的编制方法与程序； LO3：发展利用 Excel 等工具，根据企业实际情况熟练编制销售预算表、生产预算表及财务预算表等各类预算表的技能； LO4：展示有效和恰当的思辨，分析、评价编制的预算表及其相互关系	考核 2：闭卷考试（考试试卷满分为100分，主要包含单选题、多选题和计算题，主要考查学生对预算的编制方法与程序、编制预算表等知识点的理解与应用）	50%	LO1，LO2，LO3		4. 及格（60～69 分）：考试成绩在 60～69 分之间代表学生可以正确理解预算管理学科中约60%的知识点，但对于大部分预算管理学科知识点还无法准确理解其内容和含义；可以在闭卷环境下准确编制简单预算表；无法独立在企业财务部门完成预算工作，需要企业中有经验的前辈在实际工作中进行长期指导后可以完成企业中实际的预算工作。 5. 不及格（60 分以下）：考试成绩在 60 分以下代表学生仅理解预算管理学科的少量知识点；无法在闭卷环境下准确编制任何预算表，无法胜任企业财务部门中的预算工作

续表

序号	课程名称（Module）	授课教师（Teacher）	第几学年（Grade）	学习成果（Learning Outcomes, LO）	考核（Assessment）	考核所占权重（Weight）	考核对应考查的学习成果（LO）	专业学习成果（PLO）	评分标准（Scoring Criteria）
15	财务共享业务处理	韩猛	二	LO1：理解财务共享业务与传统会计核算不同，及财务共享带来的价值； LO2：发展设计并绘制财务共享集团业务流程图的关键技能； LO3：理解和客观思辨地评估设计的流程图配置及在财务共享平台测试； LO4：发展在企业实际工作场景下使用财务共享平台完成费用共享、采购应付共享、销售应收共享、合同收付款、资金结算、业务精核共享等业务	考核1：作业（共6次任务作业，考核内容主要包括单选题、多选题、判断题和论述题，每位同学需要根据实训资料完成各章节知识点测试，帮助学生对理论知识的理解与贯穿	50%	LO1、LO2	PLO11 PLO13	1. 优秀（90分及以上）：每次作业考核成绩在90分及以上，学生对各章节内容理解准确，并有独立学习能力，可自主进行信息的搜集、整理，分析与表达，分析自己的观点，形成自己的观点，且每一章节单元测试成绩都在90分及以上。 2. 良好（80~89分）：每次作业成绩在80~90分之间，学生对各章节知识点能够理解，可以根据相关主题进行信息的搜集和整理，并能够根据老师提出的作业题目，完成相应内容分析，且每一章节单元测试成绩在80~89分之间。 3. 中等（70~79分）：每次作业对知识点相关资料的整理，分析，但不够精练，且每一章节单元测试成绩在70~79分之间。学生对各章节知识点基本理解，能根据相关主题进行相关资料的整理，分析，但不够精练，且每一章节单元测试成绩在70~79分之间。

续表

序号	课程名称 (Module)	授课教师 (Teacher)	第几学年 (Grade)	学习成果 (Learning Outcomes, LO)	考核 (Assessment)	考核所占权重 (Weight)	考核对应考查的学习成果 (LO)	专业学习成果 (PLO)	评分标准 (Scoring Criteria)
15	财务共享业务处理	韩猛	二	LO1: 理解财务共享业务与传统会计核算不同，及财务共享带来的价值；LO2: 发展并设计并绘制财务共享流程图的关键业务技能；LO3: 理解和客观思辨地评估设计的流程图配置及在财务共享平台测试，务共享平台配置的财务共享平台测试；LO4: 发展在企业实际工作场景下使用财务共享平台完成费用共享、采购应付共享、销售应付收共享、合同收付款、资金结算、业务稽核共享等业务	考核 1: 作业（共 6 次任务作业，考核内容主要包括单选题、多选题、判断题和论述题，每位同学需要根据实训资料完成各章节知识点测试，帮助学生对理论知识的理解与贯穿）	50%	LO1, LO2	PLO11, PLO13	4. 及格（60~69 分）：每次作业成绩在 60~69 分之间，学生对各章节的知识点部分理解，教师布置的相关主题作业，在教师指导下才可回答，不能独自对知识点进行提炼、分析和整理，每一章节单元测试成绩在 60~69 分之间。5. 不及格（60 分以下）：每次作业成绩在 60 分以下的学生对知识点不能够理解，教师对作业也不能完成，不能对主题作业布置相关主题作业，不能搜集相关资料搜集和分析，每一章节测试成绩都在 60 分以下

续表

序号 (No.)	课程名称 (Module)	授课教师 (Teacher)	第几学年 (Grade)	学习成果 (Learning Outcomes, LO)	考核 (Assessment)	考核所占权重 (Weight)	考核对应考查的学习成果 (LO)	专业学习成果 (PLO)	评分标准 (Scoring Criteria)
15	财务共享业务处理	韩猛	二	LO1：理解财务共享业务与传统会计核算不同，及财务共享带来的价值；LO2：发展设计并绘制财务共享集团业务流程图的关键技能；LO3：理解和客观思辨地评估设计的流程配置及在财务共享平台测试；LO4：发展在企业实际工作场景下使用财务共享平台完成差旅费用共享、采购应付共享、销售应收共享、合同收付款、资金结算等、业务稽核共享等业务	考核2：实训考核（共有6个模块的实训考核，分别是财务共享中心创建、差旅费用报销、采购应付、销售应收、合同收付款、资金结算等。主要考核学生对知识点的理解能力和动手操作能力及团队协作能力）	50%	LO2、LO3、LO4	PLO11	1. 优秀（90分及以上）：实训考核成绩在90分及以上，小组成员能够植入团队人想法、相互合作，依据问题自主设计完成业务流程图绘制，能够在系统中进行配置与测试；能够在实训平台正确，顺畅完成费用共享，采购应付共享、销售应收共享、合同收付款、资金结算、业务稽核共享业务实操。2. 良好（80～90分）：实训成绩在80～90分之间，小组成员团队协作编制，并能够在系统中进行业务流程配置上基本完成业务流程调试，可以在实训平台上基本完成费用共享，采购应付共享、销售应收共享、合同收付款、资金结算、业务稽核共享业务实操。3. 中等（70～79分）：实训成绩在70～79分之间，小组成员团队协作编制，成员之间不能有效完成业务流程图绘制，只可以完成费用共享，采购应付共享、销售应收共享、合同收付款、资金结算等业务实操。

序号	课程名称（Module）	授课教师（Teacher）	第几学年（Grade）	学习成果（Learning Outcomes, LO）	考核（Assessment）	考核所占权重（Weight）	考核对应考查的学习成果（LO）	专业学习成果（PLO）	评分标准（Scoring Criteria）
15	财务共享业务处理	韩猛	二	LO1: 理解财务共享业务与传统会计核算不同, 及财务共享带来的价值; LO2: 发展设计并绘制财务共享流程图的关键业务共享技能; LO3: 理解和客观思辨地评估设计的流程图配置及在财务共享平台及测试; LO4: 发展在企业实际工作场景下使用财务共享平台完成费用共享、采购应付、销售应付收、合同收付款、资金结算、业务稽核共享等业务	考核 2: 实训考核（共有 6 个模块的实训考核, 分别是财务共享中心创建、差旅费用报销、采购应付、销售应付收、合同收付款、资金结算等, 主要考核学生对知识点的理解能力和动手操作能力及团队协作能力）	50%	LO2、LO3、LO4	PLO11	4. 及格（60～69 分）: 实训成绩在 60～69 分之间, 小组成员在其他团队的帮助和指导下才可以完成费用共享、采购应付共享、销售应付收、合同收付款在系统中进行配置与测试。 5. 不及格（60 分以下）: 实训成绩 60 分以下的同学能完成业务流程图绘制、不能够在系统中进行配置与测试、在小组成员的帮助下也不能在实训平台完成费用共享、采购应付共享业务

参 考 文 献

[1] 杨小平，常文磊. 国际视域下教育认证的价值与潜在影响：一个批判的视角 [J]. 对外经济贸易大学学报（国际商务版），2013（6）：102-109.

[2] 鲍洁. 专业认证：促进高校人才培养质量提升的重要途径 [J]. 北京联合大学学报（自然科学版），2013，92（2）.

[3] 包万平. "一带一路" 高校专业国际认证的中国策略 [J]. 大学教育科学，2018（5）.

[4] 庄榕霞，周雨薇，赵志群. 高等职业教育开展《悉尼协议》专业认证的思考 [J]. 中国职业技术教育，2018（1）：41-44，49.

[5] 汤霓. 高等职业教育专业认证：国际经验与发展逻辑 [J]. 中国职业技术教育，2021（21）.

[6] 沈鑫刚，金贵阳，郭德强. 基于国际工程教育专业认证标准的机电专业课程体系重构 [J]. 宁波职业技术学院学报，2021（4）.

[7] 杨丽波，黎婷婷.《悉尼协议》：热点趋势及对我国高职专业认证的启示 [J]. 职业技术教育，2018，910（24）.

[8] 刘莉莉，段池沙. 职业类与学科类专业认证标准的比较——基于美国 ACBSP 和 AACSB 专业认证的案例分析 [J]. 高等教育研究，2015（10）：64-70.

[9] AACSB 美国商学院认证/http：//www. aacsb. edu/.

[10] 郝玉玲，刘婉婷，林萱. 以专业认证为导向促进高等工程教育与国际接轨 [J]. 中国冶金教育，2016，175（4）.

[11] 柯政彦. 基于悉尼协议视角的我国高职工程教育发展的专业认

证分析 [J]. 上海教育评估研究，2018（3）.

　[12] 郑慕强，林紫凤，吴琪，黄之琦. 认证驱动下复合型商科人才培养的探索与实践 [J]. 南方论刊，2022（3）.

　[13] L. W. 安德森，等. 学习、教学和评估的分类学——布卢姆教育目标分类学（修订版）[M]. 上海：华东师范大学出版社，2008.

　[14] 布鲁姆等. 教育目标分类学第一分册：认知领域 [M]. 罗黎辉等，译，上海：华东师范大学出版社，1986：7，19.

　[15] 安德森，等. 布鲁姆教育目标分类学：分类学视野下的学与教及其测评（完整版）[M]. 蒋小平，等译. 北京：外语教学与研究出版社，2009：246.

　[16] 冯永梅. 支持素养教育的教育目标描述模型实际研究 [D]. 南京：南京师范大学，2019.

　[17] 晋树利. 基于布鲁姆认知过程维度的深度学习评价研究 [D]. 武汉：华中师范大学，2020.

　[18] 任永佳. 布鲁姆教学目标分类法与加涅学习内容分类法的区别与联系 [EB/OL]. http：//wenku. baidu. com/view/fe149a260722192e4536f600. html，2011 - 03 - 08.

　[19] 李贵生. 遗传学布鲁姆认知阶层体系的建立 [J]. 教育教学论坛，2019（28）.

　[20] 姚艳勤. 德雷福斯的技能获得模型及其哲学意义 [D]. 上海：上海社会科学院，2013（4）.

　[21] Hubert Dreyfus. How Far is Distance Learning from Education? Bulletin of Science, Technology & Society, Vol. 21, No. 3, 2001, 165 - 174.

　[22] Hubert Dreyfus and Stuart Dreyfus. Beyond Expertise：Some Preliminary Thoughts on Mastery [In]. [EB]. http：//socrates. berkeley. edu/ ~ hdreyfus/html/papers. html.

　[23] 崔玲玲，赵文平. 中高本职教课程衔接体系构建探析 [J]. 江苏教育·职业教育，2020（3）.

　[24] 张红蕊，唐志远. 职业教育中高本衔接的现状与发展策略 [J].

教育与职业，2017，899（19）.

［25］ http：//www. oecd. org/edu/highereducationandadultlearning/ahe-lodocuments. htm

［26］http：//www. naric. com. cn/（CN）

［27］《北京财贸职业学院会计专业大专文凭评价与评估认证》报告，2022. 3.

［28］www. naric. org. uk（UK）

［29］《高等职业教育领域国际专业标准评估认证计划 UKNARIC 中方院校手册》，2020.

［30］白云. 英国国家学历学位评估中心（UK NARIC）首席执行官. 会议发言，英国国家资格框架，2017 - 06 - 22.

［31］孙维伟. AACSB 国际认证下高校保险学专业课程学习质量保路径探究——以天津理工大学管理学院保险系为例［J］. 大学教育，2018.

［32］汤霓. 高等职业教育专业认证：国际经验与发展逻辑［J］. 中国职业技术教育，2021（21）.

［33］古光甫. 我国职业教育国际化标准开发：原则、指标及实践路径［J］. 职业技术教育，2019，926（4）.

致　　谢

身为职教人，从业十五年来，见证并亲历着中国职业教育的蓬勃发展。很骄傲、很感恩生活在如此繁荣昌盛的中国，很自豪、很荣幸恰逢中国职业教育高质量发展的伟大历史时期。

感谢北京财贸职业学院搭建的国际化发展平台，感谢立信会计学院院长杜海霞教授的鼎力支持以及同事们的团结协作，特别感谢我的小伙伴宋昌文老师；感谢 UK NARIC 的专家给予的宝贵经验和指导，感谢北京财贸职业学院国际教育学院院长姜宏教授以及院教务处、质量办、招生办、人事处、办公室等部门的通力合作。想感谢很多人，还有我可爱的学生们对我的鼓励和肯定！

写作中阅读参考了很多文献，因篇幅所限没能一一列举，在此深表谢意并请作者见谅！

随着经济全球化进程的加剧，世界经济一体化驱动教育国际化，国际化成为当前高等教育重要的发展趋势。联合国教科文组织（UNESCO）强调"职业教育要促进国际理解和包容，培养具有全球视野和责任意识的公民"。职业教育发展不能仅局限于本土化视野，而应该放眼国际，面向世界。作为职教一线的教师，深感职业人的责任重大、道路漫长。

在全球化背景下，会计作为商业的语言，人才培养更要结合国际标准打造，形成具有中国特色的、"国际性"与"本土化"、"先进性"与"适用性"有机统一的人才培养模式，为经济全球化发展提供高质量的智力支持。UK NARIC 国际专业认证为我们提供了全新的思路和方向。

认证的成功不是终点，而是新的起点，我们必须坚持质量持续改进与提高，必须实现国际标准实效转化。让我们携起手来，为中国高等职业教育走向世界贡献力量。

谭智俐

2023 年 6 月